中国大企業の競争力分析

江　向華 [著]
Jiang　Xianghua

The Competitiveness of
Chinese Large Enterprises

中央経済社

序　文

本書の目的

　本書は，中国巨大製造企業の分析を通して，既存の戦略論の前提を再検討するという意図を持っている。従来の理論を整理することで，これまでの戦略論は，大企業になるための方策であったことを明確にした。しかし，中国では，創業当初から規模が大きい大企業の存在があるために，規模が大きいことの意味を再検討することが不可欠となってくる。つまり，自分の意志で規模の選択が可能となっていることを考える必要がある。大企業が圧倒的に有利と考えられていたが，現在の状態では大規模であることが不利に働くケースも数多くある。本書は，当初から大規模で設立されて，市場経済に移行した中国大企業を例として実証研究を行うことで，企業の規模がどのような意味を持つかについて考察し，中国における大企業の意義や特徴について分析することが目的である。

　以上の作業を通じて，現在の中国大企業の類型化を試み，規模の不経済が生じている可能性のある企業群を抽出した。規模をもてあましている大企業の存在は，現在の中国企業の状況を説明する時に実務にとっても大きなヒントとなり得る。また，リアルな中国企業の理論的解明は大学での講義テキスト，あるいは副読本としても用いることができる。

概　要

　これまで競争の観点からは，それほど論じられてこなかった中国巨大製造企業を対象に，大規模であることの意味を明確にしていく。大企業研究

は企業戦略論を背景として研究されてきたが，大企業に関する理論の整理と中国企業への適用，中国の大企業の意味づけを行い，その結果から中国大企業の類型化や行動特徴を分析し，新しい知見を得ることを目指す。本書の構成は以下の通りである。

　まず第1章では本研究の背景を論じる。大企業は，競争の中で次第に経営資源を蓄積していくというプロセスを経て規模を拡大していくことが前提とされてきた。しかし，中国の大企業は，多くは計画経済下で経営資源を大規模に投入して設立された国有企業であり，競争のプロセスを経ずに大規模になっている。改革開放以降は市場経済となり，競争が始まったが，当初から大規模である企業が競争を経ずに優位を確保した場合に，競争がある場合とない場合に差異があるのか，企業行動にどのような特徴があるのか，当初の経営資源がそのままの形で残存するのか，資源の更新がなされているか，その背後にある理由は何であるか，などについての検討が必要となる。本章では，このような問いを確認・検討する必要性を問題意識として提示した。

　第2章では，先行研究を検討し，企業戦略論を再検討することによって，大企業に関する理論の整理と中国企業への適用を検討する。その結果，先進国と新興国を区分して論じるだけではなく，中国を，①先進国と新興国の相違，②経済体制の相違，という別の枠組みで検討する必要があることを明らかにした。つまり，中国企業を分析する独自の視点が必要といえる。
　本章では，関連する諸理論や先行研究をレビューし，これまでの戦略論は成長，つまり規模の拡大を目的にし，成長のための方策を扱ってきたことを明らかにした。また，規模とは，成長戦略論では経営資源の集積であることを指摘し，経営資源を集積することで企業が大規模になっていくと

いえることを明らかにしている。これまでの成長理論，特に1960年代の戦略論では，そのほとんどが大企業になることを前提にし，さらに，成長の手段としての多角化に大きく焦点が当てられている。チャンドラーやルメルトをはじめとする初期の企業戦略論も，最近の経営資源ベースの戦略論のいずれにおいても，成長プロセスにある企業を対象に議論し，企業がどのような成長プロセスによって大企業になっていくのかを理論上でも実践上でも解明しようとしてきた。しかし，上述のように戦略論が成長を目指すものであるならば，中国大企業のように最初から大規模に作られている場合に，既存の戦略論が適用できるのかという問題が生じる。

　これまでの企業戦略論と中国企業に関する研究成果をみると，以下の点を考慮して中国大企業を分析する必要がある。第1に，中国の場合は計画経済下で最初から大規模に創業された企業があり，成長プロセスを経ていない企業が存在するため，先進国および新興国における大企業の戦略論をこのまま中国企業に適用することは不適当のように思われること。第2に，「競争を通じた成長プロセスを経ない大企業」の存在を前提に中国大企業を分析する必要があること。第3に，中国固有の問題として，経済体制の相違からくる所有形態の問題があること。特に，計画経済から市場経済への移行により，中・大規模国有企業の株式会社への転換，小規模国有企業の民営化，民間企業の台頭など中国の大企業にとっては大きな環境変化が生じたため，中国企業を国有企業と民営企業に分けて，成立の経緯のダイナミクスを分析する必要がある。

　第3章では，ルメルト・モデルを用い，まず中国ではどのような企業が大企業になり得るのか，中国大企業がどのような領域に存在しているのか，また，中国企業が大規模化する過程でどのような特性を持っているのかをルメルトの追試研究として，中国大企業の戦略と組織構造に対して国際比

較をしながら分析する。この点では，ルメルトを先行研究として考えることができる。ルメルト型の大企業分析は各国で追試されており，先行研究と対比しながら中国における特徴を確認している。中国では巨大規模になる産業領域が他の国よりもかなり限定されており，計画経済下での特徴を引き継いだものであるといえる。

　また，中国企業の大規模化を議論する際に，成長プロセスが存在しないという点は，中国大企業の成立過程における企業行動にどのようにつながるのかについて，さらに分析を行う必要がある。このために，中国における「競争を通じた成長プロセスを経ていない大企業」の抽出と比較が必要となる。

　第4章では，以上のことを踏まえて，これまで体系的に議論されてこなかった中国大企業のダイナミクスを解明するために，中国大手製造業を類型化し，各類型の企業行動の特徴やパフォーマンス，保有する経営資源の変化を比較することによって，「競争を通じた成長プロセスを経ない大企業」を抽出し，それがどのような特徴を持つかについての分析を行っている。

　大企業のうちで改革開放後に設立され，設立後に競争を通して規模を拡大していった企業を第Ⅰ類型とし，計画経済の中で大規模に設立された企業で改革開放後に競争に積極的に参入して経営資源を更新して規模をさらに拡大していった企業を第Ⅱ類型とする。第Ⅲ類型は，計画経済期に大規模に設立された国有企業であり，競争環境に積極的に対応しようとしていない企業である。この第Ⅲ類型が成長プロセスを経験していない企業であると捉え，それがどのような特徴を持つかについての分析を行っている。第Ⅱ類型の企業の特徴は，既存の経営資源を用いて，それを新たな経営資源に振り替えていることである。これに対して第Ⅲ類型の企業は，既存の

経営資源を更新することはなく，企業経営としては極めて不活性であることが示された。

第5章では，冒頭で提起した問題意識を振り返って，本書の総括と意義を提示するとともに，今後の課題について検討する。

謝　辞

　私は，留学で来日してからまもなく京都大学経済学部の研究生になり，その後修士課程，博士課程に入り，中国企業の研究を始めた。中国企業の研究を始めたきっかけは，2004年に出版された組織学会の学会誌である『組織科学』の多角化戦略の特集号を読んだことである。他の国の企業の多角化戦略について数多くの研究がなされているのに，なぜ中国企業に関する同様の研究がほとんどなかったのかという問題意識を持つようになった。多少言い訳がましくなるが，中国企業のデータを入手することが難しいなどの理由から，色々な視点から多角化戦略を含めた中国企業の成長戦略について研究を試みたが，うまくいかず，それが本書の内容をまとめるのに10年間かかった理由である。

　本書の完成までに本当に多くの方のお世話になった。お世話になったすべての方のお名前をあげることはできないが，以下では紙面の許す限り，本書に関連して特にお世話になった方々に御礼を述べさせていただきたい。

　まず御礼を申し上げたいのは，京都大学に入った時からの指導教官である日置弘一郎先生（京都大学名誉教授，現公立鳥取環境大学教授）である。日置弘一郎先生の御指導なくして，本書の研究は成しえなかった。京都大学大学院ではそれまでの研究内容をうまくまとめられないまま，広島大学で助教に，そして就実大学で准教授に採用され，非常に恵まれた環境で仕事をさせていただくことになったものの，博士後期過程の頃から抱えてい

た課題をうまく消化できなかったため，就職した後も日置先生の研究指導を引き続き受けている。研究指導だけではなく，先生には日本語のチェックから就職までご支援をいただいた。本書上梓に至るまでのご支援のみならず，これまでに賜った大きな学恩に対しても改めて深謝の意を表したい。

また，本書の執筆にあたり，ご多忙にもかかわらず澤野雅彦先生（北海学園大学）には色々な形でご支援をいただいた。常に温かくご支援をいただいている先生には言葉が見つからないほど感謝している。

このほか，京都大学在学中は様々な方にお世話になった。大学院生の時に椙山泰生先生，若林直樹先生，武石彰先生の諸先生方に経営戦略論や組織論の視点から研究会や授業等でよくご助言をいただいた。先生方に深く感謝している。さらに，先輩の高尾義明先生（首都大学東京），王英燕先生（京都大学）には就職や研究の面においてよくご助言やご支援をいただいた。深く感謝の意を申し上げたい。

大学院を出て最初に就職した広島大学では，恵まれた研究環境に身を置き，本書の議論を深める作業を続けることができた。お世話になったすべての先生方のお名前をあげることは紙面の都合上難しいが，とりわけ，村松潤一先生（広島大学）には着任以来，研究・教育の両面にわたり様々な形でご助言・ご支援をいただいた。深く感謝している。

2014年に就実大学に着任して以降，就実大学の諸先生方にも大変お世話になった。とりわけ，いつもご支援・ご鞭撻をいただいている学部長の杉山慎策先生，学科長の谷口憲治先生，三枝省三先生，野本明成先生に深く感謝している。そして，日本語を丁寧にチェックして下さった鈴木新先生にも御礼申し上げたい。

公私ともに親交があり，先輩でもある陳韻如先生（滋賀大学）、亀岡京子先生（東海大学），姜聖淑先生（帝塚山大学）にはいつもご助言・ご支援をいただき，どんな時にでも明るく励ましていただいた。先生方に深く

感謝の意を申し上げたい。そして，研究分野が異なるとはいえ，いつも明るく叱咤激励していただいた岩谷彩子先生（京都大学）に感謝している。さらに，理工学から経営学にまたがる横断的な視点からご助言を下さると共に，折に触れ本書の意義を議論して下さった冬木正紀先生（畿央大学）に心から感謝申し上げたい。

本書の執筆に必要となる貴重なデータをご提供下さった楊雪蓮先生（中国青島大学）や，インタビューに応じて下さった中国企業の方々にも御礼を申し上げたい。

さらに，本書の研究を進めていく際に，日本学術振興会からは科学研究費補助金若手研究(B)「中国製造業の成長メカニズムと制度のダイナミクス」（課題番号24730318，代表者：江向華）を通じて援助を受けた。また，研究書としての出版にあたり，就実大学から出版助成費をいただいた。これらの経済的援助なくして本書の刊行は不可能だった。ここに感謝の意を表したい。

出版社の中央経済社の市田由紀子氏には，本書の第一読者として，大変丁寧な編集作業にご従事いただき，本書を読みやすくするために，構成や表現などについても様々な工夫をご提案いただいた。予想以上に時間がかかってしまったにもかかわらず，遅筆の筆者に対して本当に辛抱強い励ましをいただいた上に，色々な無理をきいて下さった市田氏に心から感謝を申し上げたい。

最後に，私事にわたり恐縮だが，研究者としての人生を歩むことを理解し，援助してくれた家族に感謝したい。父親は，私が日本に留学すること，および大学院に進学することに同意し，長らく支援してくれた。また，兄と二人の姉とその家族達に感謝している。私の分まで親の面倒を見てくれて，わがままな私の長い留学生活と研究生活を支えてくれた。そして，滋賀大学に留学中の甥である周震は，私の研究がうまくいかないときに色々

な面で応援してくれた。家族の支援や理解なくして，ここまで進むことはできなかった。心からの感謝をこめて家族に本書を捧げたい。

2016年4月

江　向華

目　次

序　文

第1章　なぜ中国の大企業に注目するのか————1

1　大企業であることの意味　*4*
2　考察と問題設定　*7*
3　分析の対象と範囲　*8*
4　本書の構成　*11*

第2章　企業戦略論のレビュー————13

1　はじめに　*15*
2　企業戦略に関するこれまでの議論—成長をキーワードに　*15*
　2.1　企業戦略に関する初期の理論—Penrose, 1959；Ansoff, 1965；Chandler, 1962, 1977, 1990；Rumelt, 1974を中心に　*15*
　　(1)　Penrose（1959）の企業成長の理論　*16*
　　(2)　Ansoff（1965）の企業戦略論　*18*
　　(3)　Chandler（1962, 1977, 1990）の経営史的研究　*20*
　2.2　経営資源ベースの戦略論　*22*
　2.3　先進国企業を対象にした先行研究　*24*
3　新興経済国における大企業に関する議論　*27*
4　中国における大企業に関する議論　*29*

5　分析視点と本研究の位置づけ　34

第3章　中国大企業のプロフィール　39

1　はじめに　41
  1.1　中国大企業に関する多角化研究の現状　42
  1.2　分析の方法　43
2　企業の戦略と組織構造に関する先行研究　44
  2.1　リチャード・P・ルメルトの研究　44
  2.2　欧米と日本等における研究　49
3　分析のフレームワーク　58
  3.1　データに関する説明　58
  3.2　分析のプロセス～東風汽車公司の事例　60
4　中国製造業企業上位100社に対するデータ分析　62
  4.1　産業別および製品戦略，組織構造　62
  4.2　全体のパターンの要約　66
5　欧米，日本等との国際比較　67
  5.1　上位企業の産業別分布　67
  5.2　製品戦略と組織構造の比較　70
6　まとめ　72

第4章　中国大企業のケース分析
—類型別のパフォーマンス—　75

1　はじめに　77
2　データと方法　78

3 中国大企業の成立過程と「競争を通じた成長プロセスを経ない大企業」の抽出 *79*

 3.1 成長の暫定的指標と「競争を通じた成長プロセスを経ない大企業」の操作的定義 *79*

  (1) 成長の暫定的指標の提示 *79*

  (2) 「競争を通じた成長プロセスを経ない大企業」の操作的定義とパフォーマンスの測定 *83*

  (3) 国有企業と民営企業の分布 *83*

 3.2 各類型の提示と「競争を通じた成長プロセスを経ない大企業」の抽出 *86*

 3.3 第Ⅰ類型，第Ⅱ類型，第Ⅲ類型に対する分析 *93*

  (1) 第Ⅰ類型の大企業 *93*

  (2) 第Ⅱ類型の大企業 *96*

  (3) 第Ⅲ類型の大企業 *99*

  (4) まとめ *100*

 3.4 中国大企業の各類型のパフォーマンス *102*

  (1) 第Ⅰ類型の製品系列とパフォーマンス *106*

  (2) 第Ⅱ類型の製品系列とパフォーマンス *107*

  (3) 第Ⅲ類型の製品系列とパフォーマンス *108*

4 考察 *109*

 4.1 第Ⅲ類型に対する考察 *109*

 4.2 各類型の企業事例 *114*

  (1) 第Ⅰ類型の海爾集団の事例 *114*

  (2) 第Ⅱ類型の上海宝鋼集団公司の事例 *117*

  (3) 第Ⅲ類型の唐山鋼鉄集団有限責任公司の事例 *119*

5 まとめ *121*

第5章 新しい企業論，戦略論の構築に向けて —— 125

1　総　括　*128*
2　本研究の意義と今後の課題　*131*

付表1　*133*
付表2　*144*

参考文献　*159*

索　引　*167*

第1章
なぜ中国の大企業に注目するのか

大企業研究では，企業が大規模化を達成するプロセスが理論関心の対象であった。シュムペーターが大企業であることの意味を最初に論じ，その後，ドラッカーが次の時代は企業経営が最大の問題になると予言した。1960年代に入ると研究の重点が変化し，その結果，企業の発展モデルに関する集中的な研究と，またより大きな企業の集団に関する研究が行われるようになった[1]。その中で特にルメルトの研究は類のない優れた業績と評価されている[2]。ルメルトの研究は1946年-69年という期間におけるアメリカの大産業企業の発展に関する研究であり[3]，ルメルトはどのような企業が大規模化するのか，企業が大規模化するメカニズムを明確にした。

　一方，大規模化のプロセスではなく，最初から，大規模が達成されるケースが存在する。国営の鉄鋼企業等，設立時から大規模につくられている大企業もある。計画経済下で設置された社会主義企業は，国営企業や公共企業だけでなく，すべての産業において巨大規模での創業がなされた。これに関して，今井（2003）は，計画経済期の中国では国有企業[4]が主要な企業形態であり，国有企業が社会主義イデオロギーに基づく「目的」である以上に，政府の政策意図を実現するための「手段」として機能してきたと指摘している。

　しかし，中国の経済体制は，1978年からの改革・開放政策の下で，計画経済から市場経済へと転換し，特に1992年以降，改革・開放政策が一層推し進められ，高度な経済成長を遂げてきた。市場経済への転換以降，国有企業の民営化と民営企業の成立に伴い，中国企業が計画経済における社会主義企業としての性格を脱して，競争力をつけてきていることは明らかである。

　このような背景から，中国国有企業が成長のプロセスを経ていないことを考えるならば，中国企業に既存の戦略論の枠組みが妥当するかについて検討し，中国大手製造企業のダイナミクスを分析することが本書の目的で

ある。

1 大企業であることの意味

　大企業であることの意味を最初に論じたのはシュムペーターである。シュムペーターが「資本主義・社会主義・全体主義」では全体主義がまだ選択肢であると考え，その後，ドラッカーが次の時代は企業経営が最大の問題になると予言した。これが底流として大企業への関心が高まってきたように思われる。立山（1991）によれば，ドラッカーが「大企業の概念」では大企業を2つの概念で捉えようとし，1つは「Big Business」であり，もう1つの概念は「Corporation」である。「Corporation」は「Big Business」を包摂する概念となっており，必ずしも本来の株式会社を意味するものではなく，大企業全般に適用可能な概念として使用される（立山，1991）。また，ドラッカーは『新しい社会と新しい経営』で大企業を「企業体は，産業国ではどこでもその決定的，代表的・構成的制度となっている」と規定し，特に彼の主張する「構成的制度」とは，米国・ドイツ・英国の私企業，英国の公企業，そしてソ連の企業においてすらみられる「所有と支配の分離」を基礎としている（立山，1991）。ドラッカーが大企業の意味を概念で表し，大企業になることが企業としての成功を意味していたと議論している。その後，チャンドラーが大企業に関する史的研究をし，国際比較の視点で大企業，いわゆる「Big Business」の組織面に重点を置いて論じている。

　チャンドラーに続き，ルメルトは，どのような企業が大企業であるのか，いわば大企業のプロフィールについて研究を行った。Rumelt（1974）の研究は，1949-1969年の期間に，『フォーチュン』誌の500社リストから抽

出した200社以上の企業のデータに基づいたものである。彼の研究結果は，アメリカの大企業の大多数は著しく多角化し，関連分野への多角化戦略について，機能別よりも製品ライン別の事業部制組織を採用した企業は比較的高い業績をあげている事実を明らかにした。

　Rumelt（1974）は，どのような戦略パターンと組織構造をとればより良いパフォーマンスに結びつくのかを分析することによって，1949-1969年の20年の間におけるアメリカの上位大企業が大規模を達成するプロセスを明らかにした。すなわち，規模の拡大を達成した大企業がどのようなものであるか，企業が単一事業企業から主力事業企業，関連事業企業へ，最終的に非関連事業企業に辿り着くのか，あるいは単一事業企業から直接に非関連事業企業へと成長するのか，いわゆるどのような条件で企業が大規模化するのかを明確にしたと言える。つまり，ルメルトはアメリカの上位大企業の構成や構成の変化，戦略の変化と構造の変化との関係などを分析することによって，大企業はいかに運営されているのか，また，企業が大企業になるプロセスに関する研究を行った。

　ルメルトは，産業活動の大部分を遂行したのはビッグ・ビジネスであると指摘して大企業の重要性と優越性を強調し，彼の研究全般も大企業を対象に行っている。その後，先進国の大企業を対象にさまざまな国でルメルトの追試研究がなされ，先進国の大企業は関連分野への多角化によって規模の拡大を実現する傾向がある，とルメルトの研究と同様の結論が得られている。

　一方，先進経済国とは対照的に，1990年代に，新興経済国の大企業を対象にした研究が，新たな動きとして出てきた。これは，ほとんどの新興市場では先進国とは異なる現象が観察されたことが背景にある。結論として，新興経済国においては，大企業は関連多角化戦略ではなく，非関連分野への多角化を図ることで大規模化を達成していることが明らかにされている。

Khanna & Palepu（1997）は，これに対して，制度要因を考慮して先進経済と新興経済に分けて分析する必要があると指摘する。すなわち，一般的に先進国の経済は，制度環境の5つの要素である製品市場・資本市場・労働市場・政府規制・契約実施が整っているのに対して，新興経済では，市場条件の不足や法律・規則の不完備，矛盾した契約の実施など，制度的な行動の不確実性という状況が存在するため，コングロマリットまたは非関連多角化が新興経済国企業にとっては有利であると主張する。つまり，新興市場では，基本的な企業経営を支援するために必要な制度（製品市場，資本市場，労働市場，規制・契約履行）の提供が不足しているため，コングロマリットまたは非関連多角化戦略をとった大企業は，集中戦略をすすめるよりも，制度的背景に欠けている機能を代わりに供給することで企業価値を高めて競争優位を獲得できると指摘されている。これは，先進国の大企業とは対照的に，新興経済国（インドや，タイ，インドネシア等の国をメインに議論されている）の大企業は関連分野への多角化から大規模を達成するのではなく，非関連分野へ，すなわちコングロマリットになる傾向を示している。

　しかし，中国企業を対象に体系的に分析した研究はまだ少ない。中国は1978年から，計画経済から市場経済に変わり，1992年に鄧小平の"南巡講話"を機に完全に市場経済に移行したと認識されたものの，旧ソ連等の社会主義国と同じように，まだ移行経済段階である。経済体制が変わったことで中国企業が自主的に多角化をするようになったにもかかわらず，なぜ中国企業を対象に体系的に分析した研究が少ないのか。それは，そもそも最初から巨大規模で創業され，競争を通じた成長プロセスを経ない中国大企業が存在するため，これまでの大企業の議論では当てはまらないのと，中国企業の時系列の財務データが不足しているからである。

2　考察と問題設定

　前述したように，中国は1978年から改革・開放政策の下で，計画経済から市場経済へ転換し，特に1992年に改革・開放政策がいっそう推し進められ，高度な経済成長を果たしてきた。このことは，経済体制の相違という背景によって，中国大企業の持つ意味が他の国とは大きく異なっていることを意味している[5]。

　また，筆者が中国大手製造業上位200社について各社のホームページや，中国政府が発行した統計資料，先行文献等を調べたところ，中国大企業は企業の所有形態に変化は見られているものの，その変化は緩やかであることを見いだした。大企業が株式会社へと転換しているが，実際国有株の比率はいまだに大きい。つまり，中国大企業の特性としては，国有企業は依然として主要な地位を占めていることは明らかである。

　このような背景の下で，中国企業における規模の意味合いは，計画経済下と市場経済下では異なっている。つまり，中国の大企業は，計画経済の時期に，政府の政策意図を実現する手段として単に指示された通り大量の製品を製造することで規模の経済を追求するだけであったが，市場経済に入ると，民営の大企業の中に成長を経験していない企業と，競争環境の中で成長してきた企業の両者が混在していることになる。中国の大企業は，当初から国有大企業として大規模に設定されていたのか，市場経済化で成長することによって大きくなったのか，成長過程を持っているか否かなど，規模を拡大しようとする動機の有無や成長のプロセスが異なっているといえる。

　本書は，これらの企業を戦略論的に同等に扱ってよいかを検証する。こ

れまで，大企業が成立するためには，競争の中で次第に経営資源を蓄積していくというプロセスを経て規模拡大の過程があることが前提とされてきた。しかし，設立当初から巨大規模を与えられている政府設立の公益企業は通常競争を排除した独占企業として成立し，その条件が変更されることはない。このような企業は競争を経験することなく推移する。

　中国の大企業は，多くは計画経済下で経営資源を大規模に投入して設立された国営企業であり，競争のプロセスを経ずに大規模になった。改革開放以降は市場経済となり，競争が始まったが，当初から大規模である企業が競争を経ずに優位を確保した場合に，以下の問いを確認・検討する必要がある。

1. 競争がある場合とない場合に差異があるのか。
2. どのような特徴を持つ企業行動であるか。
3. 当初の経営資源がそのままの形で残存するのか，資源の更新がなされているか，その背後にある理由は何であろうか。

　中国大手製造業のダイナミクスを分析するために，既存理論を再検討するとともに，これらの問いを明らかにする必要がある。

3　分析の対象と範囲

　本書では，これまで競争の観点からはそれほど論じられていない中国大手製造企業を対象に，大規模であることの意味を明確にする。大企業研究は企業戦略論を背景として研究されてきたが，大企業に関する理論の整理と中国企業への適用，中国の大企業の意味付けを検討し，その結果から中

国企業の特性を分析し，新しい知見を得ることを目指す。そのため，まず，いくつかの定義を明確にする。

(1) 多角化戦略の定義について

　多角化戦略についてはこれまで明確な定義がない。しかし，ルメルトの定義に従えば，企業の多角化戦略とは，①多様化自体への関与，それとともに，②新活動が旧活動とどの程度かかわりあいを持っているのかによって測られる，多様化に向けられる企業の強み，技術，あるいは目標，として定義される。本書では，ルメルトの定義を採用する。

(2) 中国企業，親会社，子会社の定義について

　中国における企業の定義は，コントロールの範囲に基づいている。つまり，ある会社が別の会社の財務と経営政策を支配し，その経営活動から利益を獲得する権利を有すると定義されている。中国の大企業グループは，連結財務諸表の規定によれば，上場企業の場合に，親会社が子会社を連結財務諸表に含めるとされている。ここで親会社（中国語で母公司という）の定義は，1つまたは1つ以上の子会社を持つ会社であると定義される。親会社のコントロール下にあり，50％以上の議決権を持つ会社を子会社と定義するが，企業グループにおいては，投資先の半数以上の議決権を持つ場合に，投資先は企業グループの子会社として認められる[6]。

(3) 中国企業の所有についての分類（国有企業と民営企業の定義）

　本書では中国企業を国有企業と民営企業に分けて，議論を進める。中国企業の分類に関しては，目的によって多様な分類方法が見られる。特に，中国が改革・開放政策を実施して以来，計画経済から市場経済に移行してから30年ほど経ったが，国有企業は企業改革[7]を頻繁に行ってきた。この

ため,国有企業の定義に関しては時期と研究の角度によって様々である。中国企業の分類について,丸川(2002)は,純然たる国有企業,国家が過半数を所有する株式会社,集団所有制企業,民営化された元国有企業や元集団所有制企業,株式合作制企業,私営企業,外資系企業,個人経営企業と,種々雑多な企業が入り乱れて実に混沌としていると論じている。本書は混乱を避けるため,中国国家統計局の定義を採用する。国家統計局が国有資本金の角度から国有企業の認定を行っている。国家統計局の国統函[2003]44号の国有企業の定義によって,広義では国有企業は国家が資本金を持つ企業を指す。つまり,次の3類型の国有企業を指す。

第1類型は,純粋国有企業である。つまり,国有独資企業,国有独資公司と国有聯営企業を含めて,国家が企業の資本金をすべて所有する。

第2類型は,国有系企業である。全資本のうち,国有資本の割合が最大であり,つまり筆頭株主が国家である。

第3類型は,国有参加企業である。つまり,国有資本を株式以外の形で保有する企業である。

狭義では国有企業は第1種類の純粋国有企業を指す。国有企業が長い間企業改革を行い,中小国有企業の民営化の動きもあるが,従来の国有大企業には依然として国有という性質にそれほど大きな変化が見られていない。そこで,本書では,広義の国有企業の定義を用いることにする。つまり,中国における企業形態を国有企業,民営企業,外資企業の3種類に分けることにする。民営企業の呼称については,民間企業,私有企業,私営企業等に表示されることもあるが,本書は中国国家統計局の呼称に従う。また,本書は主に中国大企業について検討するため,外資企業を研究対象から外すことにする。したがって,中国大企業を国有企業と民営企業に分けて分析を行う[8]。

本書は,ルメルトに対応して大企業分析の対象を設定し,分析対象は

2004年中国製造業上位200社（売上によるランキング）である[9]。オリジナルなデータベースを作り，資料調査とデータ分析を行う。データは主に各社のホームページにおける公開資料や，中国政府発行の統計資料，中国企業に関する先行文献，学術論文，企業の内部資料，企業に対するインタビュー等から入手したデータである。

4　本書の構成

　本書では，上記の問題意識を踏まえ，先行研究の検討から，中国大企業を対象に大企業のプロフィールを記述し，中国大企業の類型化や行動特徴の解析について分析を進める。本書は以下のように構成されている。
　第2章では，先行研究を検討し，企業戦略論を再検討して，規模についての理論的整理と，その中国企業への適用を考える。
　第3章では，ルメルト・モデルを用い，中国においてどのような企業が大企業であるのか，企業が大規模化を達成するプロセスについて，中国大企業の戦略と構造，産業別分布の分析から考察を行い，中国大企業のプロフィールを記述する。また，先行研究と対比した中国での特徴を確認し，中国における巨大規模の企業がどのような領域で成立しているのかを分析する。
　第4章では，中国での大企業のうちで，国有企業の中でも経営資源の集積を生かして，改革開放後にさらに成長を経験した企業と，成長をほとんど経験していない企業があり，競争環境におかれて成長できていない企業を抽出し，それがどのような特徴を持つのかについての分析を行う。
　第5章では，冒頭で提起した問題意識を振り返って，本書の総括と意義を提示するとともに，今後の課題について検討する。

❖注

1 ルメルト (1977), 『多角化戦略と経済成果』, 東洋経済新報社, ブルース・R・スコットが書いた序による引用である。
2 ルメルト (1977), 『多角化戦略と経済成果』, 東洋経済新報社, アルフレッド・D・チャンドラー, Jr. が書いた「日本語版刊行に寄せて」によるものである。
3 ルメルト (1977), 『多角化戦略と経済成果』, 東洋経済新報社, ブルース・R・スコットが書いた序による引用である。
4 「国有企業」は以前「国営企業」と称されたが, 伊藤・張 (2005) によると, 1992年10月に開かれた中国共産党14期全国代表大会で「国有企業」という概念が提起され, 1993年3月には憲法が修正され, 公式に「国営企業」を「国有企業」と称することが定められた。
5 計画経済は他国にもあるが, 所有と経営の分離がしていない点では旧ソ連等の国と異なる。
6 企業, 大企業, 親会社, 子会社の定義は, 『企業会計準則第33号－連結財務諸表 (2006)』の解釈によるものである。
7 国有企業の改革は中国の「経済体制改革」の中心であり, ここでは主に国有企業の所有形態の改革を指す。
8 集団所有制企業については, 現在純粋な集団所有制企業がないため, これまでの先行研究の中で国有企業に分類されたこともあるが, 民営企業に分類されたこともあるため, 分類の困難性から200社の中から外した。
9 中国では, 国際競争力のある大企業・大集団を発展させるという国の政策を貫徹するために, 2002年から中国企業連合会・中国企業家協会が国際上通用しているやり方で, 毎年, 中国企業500強 (中国の上位企業500社, 香港・マカオ・台湾の企業を除く。以下同じ) をリスト・アップしている。更に, 2004年から, 中国企業500強以外に, 中国製造業500強と中国サービス業500強をリスト・アップしている。筆者が2010年の中国製造業上位200社を調べたが, ランキングには大きな変化がみられなかったため, 最初から使用した2004年のランキングに従った。ただし, データに関しては, 分析対象と分析範囲に合わせて各年度の各企業のデータを使用する。

第2章
企業戦略論のレビュー

1 はじめに

　本章では，これまで企業戦略論は成長つまり規模の拡大を目的にしてきたことを明らかにする。本来，企業戦略論は企業が望ましい姿になるための方策を論じるはずであるが，これまでの企業戦略論は一貫して成長のための方策を扱ってきたことを確認する。もし，企業戦略論では規模の拡大しか考察の範囲に入らないとすれば，すでに十分な規模を獲得している中国大企業には戦略論を適用できないことになる。本章では，企業戦略論をダイナミックな視点から捉え，企業の成長の経緯をたどる。

　1960年代から始まった企業戦略論は，成長を目指す理論であり，企業の規模を大きくするための方策を論じてきたが，そこでは，無条件に規模の拡大を望ましいこととしていた。その理論的根拠は経済学でいうと規模の経済であるが，経営学でそれをそのまま受け入れてよいかを検討し，経営学的に大規模であることの意味を考察する。

2 企業戦略に関するこれまでの議論
　―成長をキーワードに

2.1　企業戦略に関する初期の理論—Penrose, 1959；Ansoff, 1965；Chandler, 1962, 1977, 1990；Rumelt, 1974を中心に

　ルメルトの研究をはじめ，第二次世界大戦の終戦から1970年代初期までのアメリカの経済黄金期を背景に，企業の成長戦略について，1950年代頃から盛んに議論されてきた。特に多角化戦略を中心にした企業の成長戦略

研究が多い (Penrose, 1959 ; Chandler, 1962, 1977, 1990 ; Ansoff, 1965 ; Rumelt, 1974)。これまでの企業戦略研究はほとんど大企業になるための理論であるといってよい。

1960年代から始まった企業戦略論は，いずれの理論も大企業になるための方策を論じており，その最も中核的な手段が多角化である。ペンローズ，アンゾフ，チャンドラーが代表的であるが，多角化を中心とした企業戦略の議論は大企業を前提に議論し，さらに，規模を大きくする手段として複数の事業を持つことが選択されており，規模の拡大が目的になっているといえる。そこでは，大規模化することが企業の目標であり，大企業が効率的であるとする研究がほとんどであると指摘できる。

これらの研究においては，多角化戦略の定義を明確にし，成長の手段としての多角化は企業内部資源の蓄積に伴って，企業がより成長の見込める新しい事業分野に参入すると説明し，多角化と成長の関係を指摘している。

以下，ペンローズの研究からスタートして，大企業を前提にしているこれまでの成長戦略研究を概観する。

(1) Penrose (1959) の企業成長の理論

企業戦略論について経済学者 Penrose (1959) の影響が大きい。彼女の「企業成長の理論」は古典的名著とされ，特に，1980年代半ばにリソース・ベースの戦略論の議論が登場すると，この書物は RBP (the resource-based perspective) の基本文献として地位を獲得する (高橋，2002)。事実上，戦略経営研究の主要な理論的見方の1つとして，今日多くの学者はそれをリソース・ベースト・ビュー (RBV) 理論のセミナー・テキストとして見ている (Nair A., Trendowski J. & Judge W., 2008)。ただ，ペンローズが戦略論に対して大きな貢献をしているにもかかわらず，Nair A., Trendowski J. & Judge W. (2008) によると，ペンローズが経済

学者であるため，企業戦略論についてはわずかな知識しか持っておらず，戦略関連の先行文献についても全く知らないという。とはいえ，戦略経営分野の初期段階に，Chandler（1962），Ansoff（1965），Porter（1980）等の有名学者は彼女の研究を引用している。

　Penrose（1959）によれば，会社は，主として会社の現在の経営資源を従来以上に効果的に利用しうるような機会に基づいて拡張が可能になるが，拡大によって資源をより効率的に使用することは，会社の立場から見ても，また社会全体の立場から見ても有効な過程であるため，その結果として，会社はますます大規模化する。

　Penrose（1959）は，企業が拡大する要因には規模の経済性と成長の経済性があると議論した。規模の経済性とは，規模が拡大することだけで大企業が小企業より財やサービスをより効率的に生産，販売でき，さらに設備や製品をより効率的に導入できることを指している。成長の経済性とは，特定の方向への拡張を有利にする，個々の企業が利用しうる内部の経済性であり，それらは企業が利用しうる生産的サービスの固有の集合から引き出され，市場に新製品を出したり既存製品の量を増やしたりする際の他社に対する優位性を作り出す（Penrose, 1959）。

　しかし，ペンローズは，成長とは過程であり，規模とは状態であって，成長によるエコノミーの1つの重要な特徴は，特定の会社が特定の生産資源の集合を有することであり，これらの資源によってもたらされる機会の利用は会社の規模とはまったく無関係であるとも指摘している。

　高橋・新宅（2002）によれば，Penrose（1959）は，企業は本質的に，経営管理的枠組みで組織化されて利用される資源のプールであると考え，企業によって資源の利用の仕方は異なり，同じタイプの資源でも企業によって異なる経営的サービスを生み出すと考えたのである。このことは，成長の経済性からみれば，中小企業が大企業より有利になる可能性がある

図表 2 -1 ◆多角化のタイプ

市場分野	技術ベース	
	同じ技術ベース	異なる技術ベース
同じ市場分野	(a)	(c)
新しい市場分野	(b)	(d)

出所：高橋伸夫（2002）「ペンローズ『会社成長の理論』を読む」
『赤門マネジメント・レビュー』1巻1号，p. 118.

ということがいえる。ただし，拡大における規模の経済性があるので，必要な規模で拡大を組織し実行することは，すでに大きくなった企業にとってのみ可能で，中小企業にとっては困難であるといえる（高橋，2002）。

また，企業の多角化については，ペンローズは多角化のための特殊な機会として産業研究の重要性や，販売努力の重要性，技術基盤の重要性を挙げ，さらに，技術ベースと市場分野で多角化のタイプを**図表2-1**のように分類した。

このうち，(a)は同じ専門化領域内の多角化で，同じ技術ベースに基礎を置いて，現在の市場分野で販売される，より多種類の製品を生産する場合を指しているが，(b)，(c)，(d)は，その企業にとっての既存領域からの離脱を伴う多角化であり，この他に企業自身の使用のために生産される製品数を増やす多角化，つまり垂直統合がある（高橋，2002）。

ペンローズの企業成長の理論に関する研究は，全体として，大企業の有利さを挙げ，より効率的な存在としての大企業を論じている。

(2) Ansoff（1965）の企業戦略論

アンゾフは企業の多角化戦略分野の先駆的な研究者である。最も広く知られるのがAnsoff（1965）の市場と製品の成長マトリックスである。それは，**図表2-2**に示しているように，企業の製品と市場の関係をマト

図表 2-2 ◆製品と市場のマトリックス

市場＼製品	現在	新規
現在	市 場 浸 透	新製品開発
新規	新市場開拓	多 角 化

出所：Ansoff, H. Igor (1965) Corporate Strategy, McGraw-Hill, Inc.（広田寿亮訳 (1969)『企業戦略論』学校法人産業能率大学出版部, p. 160.) を整理。

リックスで分析し，企業が成長のために検討すべき基本的な方向性の枠組みである。

Ansoff (1965) は，企業が多角化を志向する原因を4つに分けて次のように挙げている。第1は，市場浸透では，既存市場で既存製品を使って，他社との競争に勝つことによってマーケットシェアを高めることが目的である；第2は，新たに開発した製品を既存顧客へ投入して成長を図ることが目的である；第3は，既存製品を新しい市場へ広げることで成長を図ることが目的である；第4は，既存製品・既存市場ともに，現在の事業とは関連しない新しい分野へ進出することで成長を図ることが目的である。

さらに，Ansoff (1965) は，多角化をめぐる各種の代替案としては，水平型多角化，垂直型多角化，集中型多角化，集成型多角化を挙げ，集中型多角化は集成型多角化より，シナジーがあるだけに収益性に富み，リスクも少ないのが普通のようであるが，なぜ多くの企業は集成型を選ぶのかについて集成型の利点と限界を分析した。

ここでの集成型多角化は，新しい市場で技術関連がない分野に進出する際の多角化を指しており，ルメルトを始め，1970年代から盛んに議論されてきた非関連型多角化すなわちコングロマリットを意味し，集中型多角化は関連型多角化を意味する。

Ansoff（1965）は多角化戦略について，多角化が必要となる条件を意思決定の面で取り上げたことについては大きな貢献をしたが，ただし，多角化戦略に関する議論はそれほど厳密なものではないことと，また，大企業を前提として，規模の拡大以外の戦略目的を論じていないことを指摘することができる。

(3)　Chandler（1962, 1977, 1990）の経営史的研究

　Chandler（1977）は，アメリカにおける重要な制度である大企業の成立と初期の発展に関する経営史的研究を行った。その後，Chandler（1990）は，アメリカをはじめ，イギリス，ドイツにおける近代産業企業の誕生とそのダイナミックな発展に関する分析を行っている。

　近代企業の持続的成長についてChandler（1990）は国際比較によって議論を展開する。Chandler（1990）は規模の経済と範囲の経済をキーワードに，近代企業がどのように成長して大企業になったのかを時系列的に分析した。ここでChandler（1990）は，規模の経済を単一の製品の生産流通において単一の業務単位の規模を大きくすることによって，生産や流通の単位費用が引き下げられるときに生じる経済性と定義し，範囲の経済を結合生産・結合流通とすることで，単一の業務単位内の諸過程を複数製品の生産・流通に用いるときに生じる経済性であると定義している。

　つまり，近代大企業が生み出され，規模の経済と範囲の経済のもたらすコスト上の優位を利用し，独占と寡占競争を経て持続的成長を追求してきたとする。Chandler（1990）によると，近代企業は主に4つの方法で持続的成長を追求した。それらの方法は水平結合と垂直統合，地域の拡大と製品多角化であり，特に多角化への刺激は環境要因と企業内要因の双方から生じ，環境の変化はしばしば既存の製品に対する需要を減少させ，密接な関連を持つ製品に対する市場を生み出した。企業内の刺激は既存の設備

や能力をより完全に利用しようとする必要性や機会から生じたとチャンドラーは指摘している。特に多角化への最も一般的な誘因となったのは範囲の経済の可能性であったと強調している。

　Chandler（1990）の議論をまとめると，企業家は生産における規模と範囲の経済を利用できるほどに大規模なプラント，また流通における製品固有の設備や技能，そしてそれらの活動を調整するために必要な経営組織に投資したことによって産業企業を生み出した。その後，寡占競争も持続的成長の追求も競争という前提で行われてきた。

　村松（1979）は，Chandler（1962）の分析に基づいて，米国大企業の成長パターンを水平的拡大→垂直統合→多角化というふうに捉え，1960年代に入って出現したコングロマリット企業は，最終段階の多角化の一形態と見ることができると指摘している。つまり，Ansoff（1965）の意思決定の面におけるアプローチと異なり，チャンドラーは組織面に重点を置いて議論を進めている。チャンドラーは「組織は戦略に従う」という有名な命題を提出し，多角化の段階に従って組織構造も変わる，と多角化戦略と組織構造の関係に重きを置いて企業の歴史を分析した。

　企業の史的考察を伴った分析を行っている Chandler（1962）は，ペンローズの研究と同じコンセプトや，ほとんど同じ意味の専門用語を用いており，多くの点が共通している（岩谷，2008）。一方，チャンドラーとペンローズの大きな違いは，チャンドラーは，現在大企業で普通になっている事業部制による分権型の経営の発展について魅力的に説明している点にある[10]。チャンドラーは，企業規模が拡大するにつれて，マネジメントの進め方や，多岐に及ぶ事業を統制する組織構造も根本から変化していく点に，特別な注意を払った（岩谷，2008）。

　上述したように，Chandler（1990）は，持続的な企業成長には，生産・マーケティング・マネジメントにおける施設とスキルという組織能力が重

要であるとも指摘しているが，チャンドラーの著作全般はアメリカの上位大企業，いわゆるビッグ・ビジネスを前提に論じ，企業が大きくなるプロセスを理論化している。

2.2 経営資源ベースの戦略論

　企業の成長と関連づけてしばしば議論されるのは経営資源ベースの戦略論である。1980年代半ばにリソース・ベースの戦略論の議論が登場した。これは，RBV 理論（リソース・ベースト・ビュー）と称され，企業内部の経営資源（リソース）とケイパビリティに注目している。RBV 理論は Penrose（1959）による影響が大きい。Penrose（1959）は，企業は本質的に，経営管理的枠組みで組織化されて利用される資源のプールであると指摘している。Penrose（1959）は企業とは生産資源の集合体で，企業の未利用資源の有効利用こそが，成長の内部要因であると指摘し，企業成長の要因として資源展開の重要性を最初に提唱した。

　つまり，Barney（1991）によれば，RBV 理論は企業ごとに異質で，複製に多額の費用がかかる経営資源に着目して経営資源の活用で競争優位が獲得できるとし，RBV 理論の基本的前提としてはペンローズの企業観を土台とした企業ごとの経営資源の異質性，およびセルズニック[11]とリカード[12]の研究を継承した経営資源の固着性[13]がある。

　これに基づいて，Collis & Montgomery（2008）は，RBV 理論は企業を物理的かつ無形の資産，ケイパビリティの集積として見ており，企業ごとに経験や資産，技能，組織文化が異なるため，同じ企業は存在しないと指摘している。RBV アプローチは，企業内で生起する現象の分析と，企業環境としての産業の分析を結合させ，1980年代の産業分析と同じく，1990年代には RBV 理論は戦略において重要かつ有力になった（Collis & Montgomery, 2008)。

　ケイパビリティについては，Grant（1991）によると，経営資源とケイパビリティの間に大きな差異があるとされる。つまり，Grant（1991）は，経営資源は製造プロセスに投入したインプットであるが，経営資源だけが有効な説明を与える要因ではなく，ケイパビリティは経営資源を有効に機能させる能力であるとしている。

　また，Teece, Pisano & Shuen（1997）はダイナミック・ケイパビリティの概念を新たに作り，「ダイナミック」は企業が直面している競争環境が常に変化していることを意味していると指摘する。つまり，ダイナミック・ケイパビリティは変化しつつある環境に適応するために，組織内外の資源を統合，構築，そして再構築する組織能力である（Teece, Pisano & Shuen, 1997）。これらのアプローチは，経営資源ベースに基づき，ケイパビリティを資源として捉えており，どのように資源移転のコストを低下させて，効率的にレントを創出し獲得できるのかを議論している。

　その後，ダイナミック・ケイパビリティに関する議論が活発になされ，黄（2011）によると，多くのダイナミック・ケイパビリティ研究は，当初のダイナミック・ケイパビリティの捉え方を精緻化したり，拡張したりするために追加的に行われてきた。

　例えば，近年の研究では，Helfat et al.（2007）がダイナミック・ケイパビリティの重要な特性の多くを捉えようとして，ダイナミック・ケイパビリティを組織が意図的に資源ベースを創造，拡大，修正する能力であると定義している。ここで「意図的」，「創造，拡大，修正」と「能力」といった言葉が強調され，特に「創造，拡大，修正」については，Helfat et al.（2007）が，「創造」を用いる時，組織における資源のあらゆる創造形態を想定しており，イノベーション，企業家活動だけでなく買収，提携をも通じた新しい資源の獲得が含まれると指摘し，また同じ物事を量的に増やし

ていく方向で現在の資源ベースを「拡大」できると指摘し，事業変更のために資源ベースを「修正」することもできるがこうした「修正」には外部環境の変化に対する反応が含まれると指摘している。これらのダイナミック・ケイパビリティに関する議論は，経営資源の量的拡大ではなく，資源の質的側面を強調していることを示唆する。

　RBV 理論は，1960年代から始まった大企業の議論と異なり，企業にとっては大規模であるということは必ずしも効率的とはいえないと示唆している。そこでは，企業がダイナミックに環境に適応し，さらに経営資源やケイパビリティに基づいて成長を図ることが重要だとしばしば指摘されている。しかし，中国企業には効率につながる経営資源よりも，とりあえず資源蓄積をはかることが行われていた。したがって，RBV 理論を中国企業に適用するには，そもそも最初から大規模に設定された大企業には成長が見られない場合があるため，このような大企業には効率的な経営資源やケイパビリティの蓄積があるかは疑問である。また，RBV 理論は，明確に経営資源の量的蓄積に基づく規模の拡大に焦点を当てるが，ダイナミック・ケイパビリティの理論は資源の質的な側面を重視し，規模の要素を重視しない傾向がある。

2.3　先進国企業を対象にした先行研究

　先進国企業を対象にした先行研究における主流としては，共通するリソースとケイパビリティが範囲の経済をもたらすという RBV 理論の視点に基づいて多角化研究が進んでいる。その中でも特に多角化戦略と経済成果の関連について，これまで多くの研究がなされてきた[14]（Berry, 1975；Christensen & Montgomery, 1981；Rumelt, 1974, 1982；Markides & Williamson, 1994；Colpan, 2006；Datta et al., 1991；Delios et al., 2008；吉

原他, 1981；児玉・玄場, 1999)[15]。

　つまり，共通する経営資源とケイパビリティが範囲の経済をもたらすというRBV理論の視点に基づけば，関連型多角化戦略（集中型多角化）は非関連型多角化戦略（集成型）よりパフォーマンスが良いという結論が提出され，実際に多くの実証研究で確認されている。すなわち，いっそう効率的にシナジー効果を追求するため既存の経営資源に基づいて関連分野へ多角化する大企業が多い。実際に，1990年代に先進国では選択と集中を合言葉に，多くの企業が経営資源をコア事業に集中するなど，事業を絞り込む動きが顕著であった（Li and Wong, 2003；上野, 2004；伊藤・須藤, 2004）。

　特に，日本における多角化研究は，吉原他（1981），上野（1991, 1997, 2004, 2005），伊丹＋一橋MBA戦略ワークショップ（2002）等の研究がある。上野（2005）によれば，日本企業は，特に大企業は1960年代から1990年代にかけて一貫して多角化を進めてきたが，1993年－1998年にかけて戦略タイプの構成に大きな変化はなく，多角化が飽和状態に達したと考えられると論じている。また，上野（2005）が，非関連型多角化の増加と専業型の減少という多角化の二極化がみられると述べ，これは業種による違いと考えられ，業種別に多角化の程度を見ると，石油，鉄鋼などは多角化度合いの低い産業であるとし，総体に日本企業の多角化は内部開発型で技術関連型という特徴があると指摘している。

　上述したように，日本の大企業に関する多角化は他の国と比較して多少違いが見られるものの，日本企業を含めて先進経済国の大企業を対象にした多角化研究はRBV理論に基づいて分析を行うことが主流として定着しつつある。

　先進国で形成された戦略理論では，大企業が効率的であると前提にして，大規模化を目指す理論になっている。なぜ大企業であることが望ましいか

と考える理論的な背景は，経済学では規模の経済である。つまり，Penrose（1959）によると，規模の経済性が存在するのは，規模だけが理由となって，大規模な企業が小規模な企業より効率的に財やサービスを生産・販売できるだけでなく，大量化や新製品をより効率的に導入できる場合である。李（1996）は，従来の企業経営の思考は効率とコスト削減の追求であり，既存の経営資源をいかに効率的に配分し，安く作れるかが企業の主な関心事であったため，企業は規模の経済性の追求や多角化戦略によって巨大化すると指摘している。

　一方，経営資源の量的側面だけではなく質的な多様性によってシナジーや範囲の経済が成立する。そこで，なぜ大企業であることが望ましいかと考える理論的な背景は，経営学的には範囲の経済が挙げられ，Ansoff（1965）がシナジーという概念を使い，規模を拡大することで範囲の経済が生まれてシナジー効果が期待できることから，大企業の望ましさについて説明している。Ansoff（1965）は，シナジーは企業が新しい製品―市場分野に進出する場合の，適合性という点での望ましい条件といったものに関する事柄であり，経営関係の文献では，これは，いわゆる「2 + 2 = 5」というような効果として説明されていると指摘している。また，Ansoff（1965）は，資本利益率を構成する要素によってシナジーを販売シナジー，操業（生産）シナジー，投資シナジーとマネジメント・シナジーとに分類し，企業がシナジーを追求するために共通する経営資源を利用して拡大化したことを明らかにした。

　経営資源ベースの理論に基づけば，先進国では関連企業グループは収益性が高く，企業が関連する経営資源やケイパビリティに基づいて成長し大規模化すると考えられ，関連した事業に進出して規模を拡大していくとされている。

　一方，新興経済国においては，必ずしも同様な傾向が見られるとはいえ

ない。以下では，先進国で形成された成長つまり規模の拡大を目指す戦略理論が，新興国や中国で妥当するかについて先行研究を見ていく。

3 新興経済国における大企業に関する議論

　1990年代に入った後の企業の傾向は，一般論としては，上野（2005）が長期不況による事業の再構築が行われ，「選択と集中」が企業経営の基本課題として認識されてきたと述べている。これは，背後に「過度に多角化を進めて，経営資源のつながりが希薄になり，経営成果に結びつかなくなった企業が，事業の絞込みを行ってきた」（上野，2005）という理由がある。

　一方，Li & Wong（2003）は，先進経済国ではコア事業における集中が企業の主要戦略になり，多くの企業は事業を絞り込むが，規模を縮小し，事業集中の戦略をとらない場合も成功例が多いことを指摘している。このため，機械的に理論を新興経済国に応用すると，妥当しない可能性がある（Li & Wong, 2003）。

　また，新興国では先進国とは異質な現象が報告されている。大企業の成長にあたって，非関連の業種による企業グループ，いわゆるコングロマリット大企業が現在最も有力な企業形態となっている（Khanna & Palepu, 1997）。これに対して，Khanna & Palepu（1997）は，**図表2-3**で示すように，一般的な特徴として先進経済は，制度環境の5つの要素である製品市場・資本市場・労働市場・政府規制・契約実施が整えられているのに対して，発展途上経済では，市場条件の不足や法律・規則の不完備，矛盾した契約の実施など，制度的な行動の不確実性についての説明が必要であるため，コングロマリットまたは非関連多角化は企業にとって有利であると

主張する。

図表 2-3 ◆戦略の原動力としての制度的背景

制度の次元	アメリカ	日本	インド
資本市場	株式中心。開示規則による監視と企業統制に対する市場	銀行中心。相互投資と兼任重役による監視	未発達で非流動的な株式市場と国有銀行。官僚による弱い監視
労働市場	ビジネススクールとコンサルティング企業が人材を提供。スキルの認定が移動性を高める	ビジネススクールはほとんどない。企業内訓練。会社向けの人材開発	ビジネススクールはほとんどない。訓練も行われず,経営者の人材不足
製品市場	賠償責任法の信頼できる実施。効率的な情報普及。多くの消費者活動家	賠償責任法の信頼できる実施。効率的な情報普及。若干の消費者活動家	賠償責任法の限定的実施。ほとんどない情報普及。少数の消費者活動家
政府規制	少ない。腐敗は比較的少ない	中程度。腐敗は比較的少ない	大きい。腐敗は一般的
契約実施	予測可能	予測可能	予測不可能
結　果	多角的グループには不利な点が多い	多角的グループには有利な点が若干ある	多角的グループには有利な点が多い

出所：Khanna and Palepu (1997), Why Focused Strategies may be Wrong for Emerging Markets, *Harvard Business Review*, 75(4), pp. 41-51. [Harvard Business Review 編 (2001), Diamond ハーバード・ビジネス・レビュー編集部 (翻訳)「経営戦略論」, ダイヤモンド社, pp. 209-236.)]

　Khanna & Palepu (1997) の議論によると，図表 2-3 で示すように新興市場の制度背景が先進国とは異なるため，例えば他の企業では調達できない人材や政府の応援を調達できる等，制度に欠けているものを調達する能力が，他の企業よりも大きく，結果的にはすでに大きくなっている企業が競争優位を持つことになる。Khanna & Palepu (1997) は，インド最大のコングロマリット企業であるタタ・グループを事例に挙げて，新興国の

大企業は制度を補完する能力を持っており，政府とも緊密な関係を持ち，政府に大きな影響を与える力があると指摘している。

したがって，Khanna & Palepu (1997) の議論によれば，新興国である中国でも，コングロマリット（非関連）戦略をとった大企業は有利であるという仮説を引き出すことができる。

一方，中国は新興国であるため，他の新興国と同じく，基本的な企業経営を支援するために必要な制度（資本市場，労働市場，製品市場，政府規制，契約実施）の提供が不足しているが，他の新興国とは経済制度が異なっていた。そのため，計画経済の下で，政府の指示によって規模が設定されたことによる大企業は，新興国のコングロマリット企業と同じように制度の欠落を補うという保証はない。

4　中国における大企業に関する議論

中国の大企業の状況または成長を分析した研究はいくつかの視点からなされている。

1．多角化戦略を中心とした成長戦略の視点

先進国における多角化戦略を中心とした成長戦略に関する研究はかなり進み，膨大な先行研究が存在する。それにもかかわらず，中国企業を対象にした研究はまだ少ない。前述したように，計画経済下では主要企業形態は国有企業であったが，政府の政策にコントロールされていた国有企業には自主的な意思決定権がないため，多角化戦略を実施することは可能であるが，その実施は政府の計画経済の政策と連動している。筆者が作成したデータベースの1つである付表2（2009年度中国製造業企業上位200社の

リスト）で明らかになったのは，計画経済下では国有の大手製造企業は地域ごとに計画的に設立された鉄鋼大企業や自動車大企業等であった。しかし，当初は規模の経済が成立していた可能性はあったが，範囲の経済の実現はほとんど不可能であった。

　市場経済に移行したことから，中国企業は自由に多角化することは可能になったものの，経験不足とデータの整備がなされていないことで，戦略論的研究は未熟である。その中で，Li & Wong（2003）は，政府の介入や金融資源の需要が多角化に関連していることを見いだしている。また，中国企業のホームページから受ける印象では多角化に対する高い関心がうかがえる。

　さらに，これまでの中国企業の多角化戦略に関する数少ない研究の中で，Chang（2006）は，東アジアのビジネス・グループに関する議論として，中国大企業の成立と発展を分析した。その際，中国企業の多角化戦略については，大企業は非関連分野へ多角化するよりも，関連分野に多角化する傾向があると述べ，中国では，多角化戦略に伴って行われたM&Aのほとんどが主力分野あるいは関連分野に対するものであったとしている。中国企業は特殊で不安定な経済環境にあるにもかかわらず，韓国企業に比べてより存続能力があるとChang（2006）は結論づけた。ただ，Chang（2006）の研究では主として国際比較に重きを置いているため，中国企業グループの成立と発展を体系的に議論していない。

　また，Li & Wong（2003）は，中国が新興経済に相当するという前提に基づいて，Khanna & Palepu（1997）の新興経済では制度的欠落を補うために非関連型の多角化が増大するという仮説を，RBV理論の下で実証しようとした。結論として，RBV理論は支持され，集中戦略と非関連戦略は有益なオプションであると指摘している。ただし，この研究は，1996年の中国企業を対象にした実証研究で，その時期は中国経済が市場経済に移

行して間もない時期である。それ以降に中国大企業の多角化戦略に変化が起きた可能性は高い。その上，データの制限でこの研究は一部の大企業，一部の地域に限定しているので，一般化するのは難しい。

　その他，Ma & Lu（2005）は中国ビジネス・グループに関する研究の中で，多角化戦略について，中国国有企業も民営企業も主力事業戦略をとる傾向があると述べた上に，中国企業は，移行経済の初期にコア製品を重点に多角化し，進出先も情報産業や不動産産業，ハイテク産業に限られているという点があると指摘している。この研究は，所有形態を考慮して分析したことには大きな意義があるが，Chang（2006）の研究と同じように体系的に中国大企業の成立と発展を分析していない。

　最近の研究としては，Delios et al.（2008）の研究が挙げられる。Delios et al.（2008）は，中国上場企業の所有形態を考慮して多角化戦略とパフォーマンスの関連を定量分析し，その結果，単一事業戦略が有利であると指摘した。Delios et al.（2008）の研究は，Ma & Lu（2005）の研究と同様に，中国企業の所有形態を考慮する必要性を指摘したことに大きな意義がある。ただし，この研究も中国企業にとってなぜ単一事業戦略が有利であるか，また，中国大企業の特徴が何であるのか，体系的に中国大企業の成立と発展を論じていない。

2．中国企業の所有形態に注目する視点

　中国企業の所有に焦点をあてた研究は数多く存在している（Tan, 2002；Peng, Tan & Tong, 2004；Zhang & Li；2006；Hovey, Li & Naughton, 2003）。

　その中に，Zhang & Li（2006）は，所有タイプと多角化の関係について調査し，その結果，中国企業の多角化が企業の所有タイプに影響されていないと指摘している。Hovey, Li & Naughton（2003）は中国上場企業のパ

フォーマンスとコーポレート・ガバナンス（所有タイプと集中度によって決められる）との関係について調査を行い，その結果，企業のコーポレート・ガバナンスはパフォーマンスに大きな影響を与えると指摘している。Peng, Tan & Tong（2004）は中国企業を対象に新興経済における所有タイプと戦略的グループの関係を分析し，異なる所有タイプの企業が異なる経営戦略をとる傾向があると指摘している。

　これらの研究は，所有の重要性を指摘したことについては大きな貢献とはいえるが，第1章で議論したように，中国企業の所有は複雑であり，ダイナミックに議論する必要がある上に，所有タイプを細かく分類するのは難しい。また，所有に関する研究が多くあるが，所有と戦略に関する研究はまだ少ない。

3．ネットワークベースの視点

　丸川（2002）は，中国企業における企業家が企業経営に果たす役割，ましてや経営戦略の役割はあまり重視されず，むしろ企業経営への行政介入のあり方やその評価が1990年代末までの研究の主流であったと指摘する。このような研究はいまも続いており，ネットワークの視点で移行経済における中国企業の成長を分析した研究が数多く存在している（Peng, 1997；Peng & Luo, 1992, 1998, 2000；Peng & Heath, 1996；Peng, Lee & Wang, 2005；Peng, 2003）。

　Peng（1997）は，ネットワークという視点から移行経済における企業成長を，中国企業に関する3つの事例を通じて議論した。Peng（1997）はネットワーキングを「持続的競争優位を獲得するために，企業が他企業と長期的な協力関係を構築する努力」と定義し，さらに，人的関係による経営資源の獲得がなされていると指摘している。Peng（1997）によると，移行期の中国企業にとってはネットワーキング戦略も補完的資産にアクセ

スすることができるため、1つの成長のための戦略的選択である。

特に、ネットワークとパフォーマンスの関係はしばしば指摘され、Peng & Luo（1992；1998；2000）は、経営者が他企業の重役とのネットワークといったミクロの面と、政府官僚とのネットワークといったマクロの面と、企業のパフォーマンスとの関係を検証した。

これらの研究はネットワークと成長の関連を分析し、移行期経済における中国企業はネットワークに基づいた成長戦略をとる[16]という特徴があると議論している。

4．レント・シーキングの視点

ネットワーキング議論の展開としてレント・シーキングの議論がある。初めてレント・シーキングの現象を理論で体系的に分析したのは Tullock（1967）である。岑（2004）によると、レント・シーキングとは、独占経済の中で、企業がその独占する権力を獲得し維持するために、市場ではなく当局への働きかけなどの活動（レント・シーキング活動）で目標を達成しようとする活動である。

レント・シーキングの視点に基づいて、主として民営企業を対象にした中国企業の成長を分析した研究は多い（Choi & Zhou, 2001；Li, Meng, Wang & Zhou, 2008；Li, 2010；李，2002；Chen, Li & Su 2005）。その中で、Choi & Zhou（2001）は中国移行期における企業経営と政治を、政治的コネクションとレント・シーキングの関連から分析した。また、Chen, Li & Su（2005）は、中国の上場民営企業における政治的コネクションの確立と組織構造との関連を、レント・シーキングのインセンティブという視点から実証研究した。さらに、Li, Meng, Wang & Zhou（2008）は、中国民営企業を対象に政治的コネクション、ファイナンスと企業のパフォーマンスとの関連を実証で分析し、民営企業の共産党員は企業の経営活動に大き

な役割を果たしていると指摘している。

　レント・シーキングの視点から中国企業を対象にした研究は一時期盛んに行われ，その多くは民営企業を対象にしている。

　これまでの中国大企業の分析は，上述の4つの視点からのものが多い。既存の戦略論とは異なる視点からの分析であるが，これらの研究は，既存の戦略論では中国企業を分析できないという点に焦点を当てている。しかし，大規模化＝成長の議論をするわけではなく，中国大企業の特質として，戦略論との関係を扱っていない。

5　分析視点と本研究の位置づけ

　本章では，大企業を前提にした企業戦略論を概観した。関連する諸理論や先行研究をレビューし，これまでの戦略論は成長，つまり規模の拡大を目的にし，成長のための方策を扱ってきたことを明らかにした。また，規模とは，成長戦略論では経営資源の集積であることを指摘し，経営資源を集積することで企業が大規模になっていくといえることを明らかにしている。これまでの成長理論，特に1960年代の戦略論では，そのほとんどが大企業になることを前提にし，さらに，成長の手段としての多角化に大きく焦点が当てられている。チャンドラーやルメルトをはじめとする初期の企業戦略論も，最近の経営資源ベースの戦略論のいずれにおいても，成長プロセスにある企業を対象に議論し，企業がどのような成長プロセスによって大企業になっていくのかを理論上でも実践上でも解明しようとしてきた。

　しかし，上述のように戦略論が成長を目指すものであるならば，中国大企業のように最初から大規模に作られている場合に，既存の戦略論が適用できるかという問題が生じる。

国内・国外の研究動向および本研究の位置づけが**図表2-4**に示されている。これまでの企業成長戦略研究では，先進経済国と新興経済国（中国を含めて）を分けて議論されることが多かった。しかし，中国では創業当初から巨大規模で設置された社会主義大企業の存在があるため，先進経済国，中国以外の新興経済国と中国を分けて分析する視点を導入する。

つまり，これまでの企業戦略論と中国企業に関する研究成果を見ると，以下の点を考慮して中国大企業を分析する必要がある。

第1に，前述したように，中国の場合は計画経済下で最初から大規模に創業された企業があり，成長プロセスを経ていない企業が存在するため，先進国および新興国における大企業の戦略論をこのまま中国企業に適用することは不適当のように思われる。

図表2-4 ◆本研究の位置づけ

本研究の分析視点 ：(1)**先進経済と新興経済の相違** (2)**経済体制の相違**
既存研究の分析視点：先進経済と新興経済の相違

先進経済	新興経済[17]
(1) 経済体制：市場経済 (2) 大企業の成長プロセス：競争を通じて経営資源を蓄積した。	(1) 経済体制：市場経済化 (2) 大企業の成長プロセス：制度欠陥における資源の短絡的集積

新興経済	
中国以外の新興経済	中国
(1) 経済体制：市場経済化 (2) 大企業の成長プロセス：制度欠陥における資源の短絡的集積	(1) 経済体制：移行経済 (2) 大企業の成長プロセスの有無：中国企業の特性

出所：筆者作成。

第2に,「競争を通じた成長プロセスを経ない大企業」の存在を前提に中国大企業を分析する必要がある。

　第3に,中国固有の問題として,経済体制の相違からくる所有形態の問題がある。特に,計画経済から市場経済への移行により,中・大規模国有企業の株式会社への転換,小規模国有企業の民営化,民間企業の台頭など中国の大企業にとっては大きな環境変化が生じたため,中国企業を国有企業と民営企業に分けて,成立の経緯のダイナミクスを分析する必要がある。

　本書は,これまで体系的に議論されなかった中国大企業のダイナミクスを解明するため,上述した点を考慮し,まず中国大企業のプロフィールを見るために,経営資源と大企業を問題にしてきたルメルト型の研究を行い,中国大企業を類型化し,各類型のパフォーマンスや行動特徴等を比較する。

　次章で中国大企業のプロフィールと特性について分析をすすめる。

❖注

10　これに関しては,Penrose, E. T.（1959；1980）*The Theory of the Growth of the Firm*（1st/2nd eds.）. Oxford：Basil Blackwell（末松玄六訳（1980）『会社成長の理論（第二版）』ダイヤモンド社。）の訳者である末松氏の前文を引用した。

11　Selznick, P.（1957）Leadership in Administration, New York：Harper & Row を参照。

12　Ricardo, D.（1817）Principles of Political Economy and Taxation, London：J. Murray を参照。

13　Barney（1991）によれば,経営資源の固着性とは,「経営資源のなかにはその複製コストが非常に大きくて,その供給が非弾力的なものがある」と想定している。

14　Li & Wong（2003）によると,これまで多くの研究がなされてきたが,先行研究をレビューすると矛盾した結論が提示されているため,研究が続けられている。

15　多角化戦略と経済成果の関連については膨大な量の先行研究が存在する。ここでは,その中の一部のものを挙げている。

16　ネットワークに基づいた成長戦略は,他の企業との関係を発展することによって,多くの企業が補完的な資産にアクセスすることができるとともに,所

有制の転換における政治的ダメージを避けることができる (Peng, 1997)。
17 新興経済には工業化途上経済と移行期経済があるため,同じ移行経済の国にはロシア等の国があるが,ロシア企業に関しては「競争を通じた成長プロセスを経ていない」という点は,中国と異なる。

第3章
中国大企業のプロフィール

第3章　中国大企業のプロフィール　*41*

1　はじめに

　どのような条件が大企業を生み出したかについて，明確にしたのはルメルトの研究である。アメリカにおける1950年代前後の大企業研究は，大企業になることを目的とすることが自明であるという時代の議論であり，それがどのようにすれば達成できるかという視点からの研究であると解釈できる。

　つまり，ルメルトは大企業についてのプロフィールに関する研究を行い，企業が大規模化するメカニズムがどのようなものであるかを明確にした。ルメルトは主に戦略と組織構造の関連から企業が大きくなっていく条件を議論した。したがって，中国大企業の静態的分析を明らかにするため，まず中国ではどのような企業が大企業になり得るのか，中国大企業がどのような領域に存在しているのか，また，中国企業が大規模化する過程でどのような特性を持っているのか，をルメルトの追試研究として中国大企業の戦略と組織構造に対して国際比較を伴う分析を試みる。

　その前に，まず大企業とは何か，つまり規模を何で測定するのかについて説明する。一般的には，企業の規模は売上（事業規模），資産（経営資源量），従業員数（組織規模）の3つの尺度で測られるが，その妥当性については，Peng（1997）によると，中国企業の場合には，国有大企業は最初から規模が大きいため，効率化を求めて企業規模を縮小する傾向があると指摘しているため，本章では資産（経営資源量）で規模を測定しない。また，産業間の技術に由来する労働力の必要性の差異によって影響を受ける（Li et al., 2003）ため，従業員数（組織規模）では規模の基準となりにくい。したがって，売上で規模を測定することにする。

1.1 中国大企業に関する多角化研究の現状

1980年代より,中国では,改革開放政策が本格的に始まり,その後毎年平均8％以上の急成長[18]を見せて世界の注目を浴びている。現在,中国は急速に製造業大国になり,アメリカ,日本,ドイツに次いで世界4番目の生産額[19]になっている。多くの国において,製造業はきわめて重要な産業であると言えるが,中国での製造業は,国民経済の最大の産業部門として,GDPの柱となっている。更に,世界のグローバル化と中国経済の好調を背景に,近年,欧米,日本,韓国等から多数の企業が中国に進出しており,中国での生産が多いことからも中国は「世界の工場」であると言われている。

アメリカをはじめ,日本,ドイツ,フランス,イギリスなどの世界各国で,大企業の戦略と組織構造について研究がかなり進み,国際比較の先行研究も膨大に存在するが,中国企業は,情報公開を義務づけられていなかったために,有価証券報告書による時系列の財務データは入手できない。そのために,企業の個別の事例研究は数多く存在するにもかかわらず,戦略と組織構造についての体系的な研究はいまだ乏しい。

本章は,中国製造業企業を対象に,現在の中国企業の戦略と組織構造について分析し,更に国際比較を試みたい。中国の大企業はどのような戦略と組織構造を採用しているのだろうか。また,各種の戦略と組織構造とは,それぞれどのように関連しあっているのか。そして,中国企業の産業別分布はどうなっているのか。これらを分析した上で,他の国との異同を分析することが,本章の目的である。

そこで,体系的に中国大企業のデータを収集し,戦略と組織構造を分類するとともに体系的かつ数量的に比較可能な分析を試みる。

中国大企業を対象に，他の国と比較して現在の中国企業の多角化程度，そして多角化の方向を解明する。多角化戦略に関連している組織構造についても，ルメルトの枠組みによって分析する。さらに産業別構造においても，他の国との異同もデータに基づいて分析していく。

1.2　分析の方法

本章では，国際的に定着し標準化された手法に従って，資料を収集し，データベースを作って分析する。既述したように，中国企業の正確な統計的データの入手は難しいため，中国企業のデータベースを作成した後，それに基づいて分析していく。

アメリカでは，リチャード・P・ルメルトが1946－69年の期間におけるアメリカの大産業企業の発展に関する研究を行った。また，イギリス，日本，フランス，ドイツなどの国でも，ルメルトの追試としての実証研究が続出しており，ルメルトの研究はスタンダードな研究として高く評価されている。本章は，国際比較を可能にするため，基本的には国際的にもスタンダードといってよいルメルトの戦略と組織構造のカテゴリーを使って，中国大企業を対象に，中国製造業企業上位100社のリストを作って，現時点の中国企業の戦略と組織構造に対する分析と先行研究のデータとの比較を行っていきたい。

以下のこの章は，4つの部分からなる。

第2節では，ルメルトの戦略と組織構造に関する研究を考察する。また，欧米と日本で行われたルメルト理論を応用した研究を検討する。

第3節では，第2節で考察したルメルトの分析のフレームワークを中国の企業分析に適合するように修正し，データセットを作成した上で，中国の企業分析を行う。

第4節では，産業別分布および製品戦略，組織構造において実際に中国企業の特性の分析を行う。

第5節では，第4節の中国企業の分析に基づいて，産業別分布および製品戦略，組織構造の面において，欧米，日本との国際比較を行う。

2 企業の戦略と組織構造に関する先行研究

2.1 リチャード・P・ルメルトの研究

ルメルトに大きな影響を与えたのはチャンドラーである。まず，ルメルトに先行するチャンドラーに言及する。歴史家であるチャンドラーは，アメリカにおける大企業の戦略と組織構造の変遷に関して，1909年から1959年にわたる大企業70社の発展形態を跡付け，多角化の概念と「組織は戦略に従う」という命題を提出した。彼の研究は多角化と事業部制が連動していることを示しており，多角化戦略と組織構造の適合関係についての古典的研究と指摘されている[20]。

チャンドラーの影響を受けて，先述の通り，ルメルトは1949-69年における，アメリカの大企業の発展に関する研究を行った。彼の研究は経済成果と，経営者が影響力を及ぼすことが可能である2つの重要な変数，すなわち戦略と組織の間の相関性を明確に分析した嚆矢である[21]。

ルメルトは，1949-1969年の間に，アメリカの大企業は，多角化の増大に対応し，多角化戦略と組織構造に基本的な変化が生じ，その結果，大企業の大多数は著しく多角化して製品別事業部制構造を採用するに至ったことを検証した。

ルメルトは，関連分野への多角化戦略について，機能別よりも製品ライン別の事業部制組織に結合した企業が比較的高い業績をあげていることを指摘している。ルメルトに触発されて，欧米，日本等各国でこの枠組を用いた一連の研究が行われ，その結果は，研究の対象とされた欧米5カ国（アメリカ，イギリス，フランス，ドイツ，イタリア）における企業母集団の中で，機能別よりも製品ライン別の事業部制組織に結合した企業がその数と重要性をますます高めつつあるという事実によって，ルメルトの発見した事実がアメリカ以外の国でも妥当することが実証された。

多角化戦略に関する分類体系について，ルメルトはリグレイが開発した多角化戦略の分類体系を修正して使用した。リグレイの分類体系は，「単一製品」企業，「主力製品」企業，「関連製品」企業，「非関連製品」企業の4つのカテゴリーで説明されている。リグレイの分類体系は当時の一連の研究に使用されたが，ルメルトはリグレイの分類体系を基に，「主力事業」，「関連事業」について，さらに細かく分類した。本書は国際比較を行うために国際比較のスタンダードな研究とされる，より細分化したルメルトの分類体系を使用する。

多角化戦略およびルメルトの戦略カテゴリーについて簡単に説明する。多角化戦略については明確な定義がないが，本章はルメルトの多角化戦略についての分類概念とともに，企業戦略という概念を使用する。本章は一連の研究と国際比較を行うために，ルメルトの使用した概念を基準にして，次のように考える。

チャンドラーは「戦略とは，企業の基本的かつ長期的な目標や目的を決定し，またこれらの目標を遂行するために必要な行動様式を選択し，資源を配分すること」と説明する。ルメルトはチャンドラーの戦略の概念に基づいて，多角化戦略とは，多様化自体への企業の関与であり，多様化に向けられる企業の強み，技術あるいは目標であると定義し，それは新活動が

旧活動とどの程度かかわり合いを持っているかによって測られる。

　ルメルトの戦略のカテゴリーは，多角化するか否か，多角化した場合はその事業がどの程度分散しているかで4分類する。「単一事業」，「主力事業」，「関連事業」，「非関連事業」の4つに大きく分類する。更に，「主力事業」に関しては，「垂直的―主力」企業，「抑制的―主力」企業，「連鎖的―主力」企業，「連鎖的―主力」企業の4つに分類する。また，「関連事業」企業に関しては，更に「抑制的―関連」企業，「連鎖的―関連」企業の2つに，「非関連事業」企業に関しては，「受動的―非関連」企業と「取得型コングロマリット」企業の2つに細分化する。

　ルメルトは以下のようにこのカテゴリーを説明した。

　「単一事業」とは，基本的には単一の事業だけに関与している企業。

　「垂直的―主力」企業とは，各種の最終製品を生産・販売する垂直的統合企業。

　「抑制的―主力」企業とは，本来の主力活動と関連したなにか特定の強み，技術，資源に基づいて多角化した非垂直的「主力事業」企業。このような企業においては，多角化活動の大部分はすべて相互に関連しているか，あるいは主力事業と関連している。

　「連鎖的―主力」企業とは，いくつかの異なった企業上の強み，技術，資源に基づいて，あるいは新たに獲得した強み，技術，資源にもとづいて多角化した，非垂直的「主力事業」企業。このような企業においては，その多角化の大部分は主力事業部門と直接の関連がないが，各事業部門はその企業の他のいずれかの事業部門と何らかの関連を有している。

　「非関連的―主力」企業とは，非垂直的「主力事業」企業であり，その多角化活動の大部分は，主力事業部門と関連がない。

　「抑制的―関連」企業とは，主として，新事業をある特定の中心的な技術や資源に関連づけることによって多角化した「関連事業」企業。した

図表3-1◆ルメルトの戦略のカテゴリー

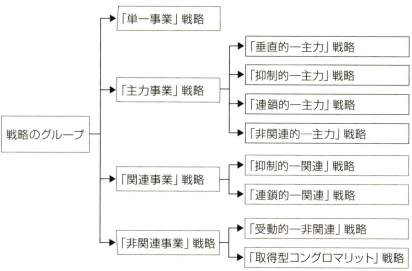

出所：Rumelt, R. P.（1974）*Strategy, Structure, and Economic Performance*, Harvard University Press.（鳥羽欽一郎・山田正喜子・川辺信雄・熊沢孝訳（1977）『多角化戦略と経済成果』東洋経済新報社。）p. 230のルメルトのカテゴリーより筆者が整理し作成した。

がって，このような企業においては，各事業活動は他のほとんどすべての事業活動と関連している。

「連鎖的―関連」企業とは，必ずしも同一の強みや技術でなくてもよいが，すでに企業が所有しているなんらかの強みや技術を，新事業と関連づけることによって多角化した企業。このような企業は，いくつかの方向に多角化して，新たに修得した新技術を利用して，広く異なった事業分野で活動する。

「受動的―非関連」企業とは，取得型コングロマリットとみなされない「非関連事業」企業である。

「取得型コングロマリット」企業とは，関連性のない新事業を吸収することを目的とした攻撃的なプログラムを有する「非関連事業」企業を指す。

組織構造については，実際の組織は非常に複雑なものであるため，これを単純化することは難しいが，ルメルトは主たる組織構造をどのようなものにするかという点に関して，トップ・マネジメントに与えられる選択権，およびそれがゼネラル・マネジメント[22]の職務に対して及ぼす潜在的な影響力を中心として，"トップ・ダウン"の観点から**図表3-2**が示すように組織構造を類型化した。

　ルメルトは5つの組織構造のカテゴリーを次のように要約した。

　「機能別」組織とは，主要な下部単位が，製造プロセスにおける諸段階の経営機能という観点から規定される組織である。調整機能についての責任は，社長，社長のスタッフ，委員会に委ねられている。同様に，製品—市場成果についての責任も社長に帰属する。

　「副次部門を備えた機能別」組織とは，基本的に機能別組織であるが，トップ・マネジメントや，ある場合には機能別マネージャーの1人へ報告

図表3-2 ◆ルメルトの組織構造のカテゴリー

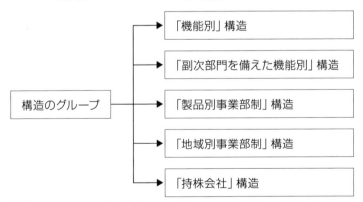

出所：Rumelt, R. P. (1974) *Strategy, Structure, and Economic Performance*, Harvard University Press.（鳥羽欽一郎・山田正喜子・川辺信雄・熊沢孝訳（1977）『多角化戦略と経済成果』東洋経済新報社。）p. 230のルメルトのカテゴリーより筆者が整理し作成した。

する，1つ以上の製品別事業部（必ずしも真の意味での副次部門ではない）を有している組織を指す。

「製品別事業部制」組織とは，本社と一群の現業事業部から組織化される組織である。各事業部は，1つの製品あるいは一連の製品の企画設計，生産，販売に必要な責任と資源を持つ。

「地域別事業部制」組織とは，本社と一群の現業事業部から構成される組織であるが，各事業部は，異なった地域において，1つの製品あるいは一連の製品の企画設計，生産，販売に必要な責任と資源を持つ。

「持株会社」組織とは，1つの親会社によって所有されている，いくつかの企業（あるいは事業部門）の連合体である。各企業は事実上自律的であり，個々の企業レベル以上の正式的な組織は実質には存在しない。

本章は，欧米と日本の一連研究との国際比較のために，ルメルトの多角化戦略と戦略・組織構造のカテゴリーを修正し，使用するため，ルメルトの定義についてやや詳しく説明した。

2.2 欧米と日本等における研究

欧米のいくつかの国と日本では，ルメルトの追試となる研究がなされている。

本章では，産業レベルと企業レベルで，中国大企業の産業別分布，製品多角化戦略と組織構造について研究していくため，ここでは各国の研究を産業別構造，製品戦略と組織構造について検討する。

各国の追試研究では，大企業のデータは資産総額か，売上高か，あるいは資本金でランキングされているが，大企業の操作的定義は資産総額，売上高，資本金の3様式でなされており，それぞれの国で入手しやすいものが選択されている。経営資源という観点からみると，資産が最も望ましい

が，現在は無形資産が重要となり，必ずしも資産計上されていない資源が増大しているため，売上高を採用することにする。ここでは，入手可能なデータで概容を見ていく。

　まず，産業別に欧米と日本の研究を概観する。

　つまり，大企業を対象に，大企業の特性を明らかにするために，ルメルトの研究を追試し，大企業がどのような産業に集中しているのか，国による差異を分析する。

　具体的には，欧米と日本の産業別の分布を見てみる。各国の上位大企業はそれぞれ独自の産業分布をしているのか，あるいは各国に共通する一般的なパターンがあるのかを考える。

　まず，アメリカ大企業の産業別分布を歴史的に見た研究について述べる。Chandler, Amatori & Hikino（1997）は，1880年代から1980年代の期間において，大企業と国の経済成果との関連の視点から，大企業が20世紀にいかに国と国際経済に影響したかを研究している。Chandler, Amatori & Hikino（1997）はアメリカの大企業と経済の動的な成長を分析する際に，200社を対象にした産業別分布を示している（図表3-3）。

　図表3-3からは，19世紀以降の新産業の出現と発展にしたがって，20世紀の大企業はいくつかの産業カテゴリーに集中していることを読み取ることができる。ここでは，アメリカ標準産業分類項目（SIC=Standard Industrial Classification）を使用している。アメリカでは，食料品（SIC[23]20），化学工業（SIC28），石油製品・石炭製品（SIC29），鉄鋼業・非鉄金属（SIC33），一般機械器具（SIC35），電気機械器具・情報通信機械器具・電子部品・デバイス（SIC36），および輸送用機械器具（SIC37）の7つの産業は，歴史的に安定している。その中で，コングロマリットは1970年代から現れた。そして，1988年になると，75％の大手製造業がSIC20, 28, 29, 33, 35, 36, 37に集中している。資本集中と第二次産業革命の規

図表3-3 ◆アメリカ工業企業上位200社の産業別分布，1917-1988年
（総資産額によるランキング）

SIC	産業	1917	1930	1948	1973	1988
20	食料品	29	31	27	22	18
21	煙草	6	5	5	3	3
22	繊維工業	6	4	8	3	2
23	衣服・その他の繊維製品	3	0	0	0	1
24	木材・木製品（家具を除く）	3	4	2	3	7
25	家具・装備品	0	1	1	0	1
26	パルプ・紙・紙加工品	5	8	6	10	9
27	印刷・同関連業	2	2	2	1	9
28	化学工業	20	20	23	28	40
29	石油製品・石炭製品	22	26	22	26	18
30	ゴム製品	5	5	5	5	1
31	なめし革・同製品・毛皮	4	2	2	0	0
32	窯業・土石製品	5	8	6	8	6
33	鉄鋼業・非鉄金属	31	23	23	18	10
34	金属製品	11	10	6	4	5
35	一般機械器具	17	19	23	13	13
36	電気機械器具・情報通信機械器具・電子部品・デバイス	5	5	7	15	21
37	輸送用機械器具	24	23	29	22	20
38	精密機械器具	1	2	1	2	4
39	その他	1	2	2	1	1
―	コングロマリット	0	0	0	16	11
	合計	200	200	200	200	200

注：産業別分類項目はアメリカ標準産業分類項目表により作成。
出所：Chandler, A. D., JR., Amatori F., & Hikino T. (1997) *Big Business and the Wealth of Nations*, Cambridge University Press, p. 40.

模経済の影響で，アメリカでは，ハイテクとガラスと精密機器に大企業が集中するようになってきたと Chandler, Amatori & Hikino (1997) は指摘している。

図表3-4はフランスとドイツの産業別分布を示している。フランスとドイツでは大企業はSIC20，28，29，33，36，37の6つの産業に集中している。ただし，フランスとドイツでは，一般機械器具（SIC35）産業に大企業の数がきわめて少ない。そして，フランスでは，食料品（SIC20），ドイツでは輸送用機械器具（SIC37）産業には大企業の数がきわめて多い。

図表3-5を見ると，日本とイギリスでは大企業は一般的にSIC20，28，33，35，36，37の6つの産業に集中していて，研究の全期間を通して安定している。そして，日本はドイツと同じように輸送用機械器具（SIC37）は非常に多いことがわかる。イギリスでは，SIC20，35には企業数が非常に多いが，鉄鋼業・非鉄金属産業（SIC33）には1社しかない。

さらに，フランスとドイツ（図表3-4）ではコングロマリットと多産業に上位大企業が多いことに対して，日本とイギリス（図表3-5）ではコングロマリットと多産業には上位大企業がない。

欧米と日本の大企業の産業別分布図をみると，各国の間に多少違いが存在しているが，共通した特徴を持っていることがわかる。つまり，一部例外はあるものの，一般的に，欧米と日本では，大企業は食料品（SIC20），化学工業（SIC28），鉄鋼業・非鉄金属（SIC33），一般機械器具（SIC35），電気機械器具・情報通信機械器具・電子部品・デバイス（SIC36），および輸送用機械器具（SIC37）の6つの産業に集中していることがわかる。

図表3-4 ◆フランス・ドイツ製造業企業上位100社の産業別分布，1970年（売上高によるランキング）

SIC	産　業	フランス	ドイツ
20	食料品	17	5
21	煙草	1	2
22	繊維工業	4	2
23	衣服・その他の繊維製品	1	1
24	木材・木製品（家具を除く）	1	0
25	家具・装備品	0	0
26	パルプ・紙・紙加工品	3	1
27	印刷・同関連業	0	3
28	化学工業	12	11
29	石油製品・石炭製品	7	6
30	ゴム製品	1	0
31	なめし革・同製品・毛皮	0	0
32	窯業・土石製品	3	1
33	鉄鋼業・非鉄金属	10	14
34	金属製品	6	0
35	一般機械器具	2	0
36	電気機械器具・情報通信機械器具・電子部品・デバイス	10	10
37	輸送用機械器具	10	17
38	精密機械器具	0	1
39	その他	0	0
—	コングロマリット	3	3
—	多産業	9	23
	合計	100	100

注：Dyas, G. P. & Thanheiser, H. T. (1976) *The Emerging European Enterprise: Strategy and Structure in French and German Industry*, The Macmillan Press Ltd., pp. 141-151 and pp. 269-281の企業リストをアメリカ標準産業分類目表に従って，筆者が再分類した。

図表 3-5 ◆日本・イギリス製造業企業上位100社の産業別分布
（日本は総資産額，イギリスは売上高によるランキング）

SIC	産　業	日本 1987	イギリス 1950-80
20	食料品	14	29
21	煙草	1	0
22	繊維工業	1	6
23	衣服・その他の繊維製品	0	0
24	木材・木製品（家具を除く）	0	0
25	家具・装備品	0	0
26	パルプ・紙・紙加工品	4	8
27	印刷・同関連業	2	0
28	化学工業	13	7
29	石油製品・石炭製品	9	4
30	ゴム製品	1	1
31	なめし革・同製品・毛皮	0	0
32	窯業・土石製品	2	5
33	鉄鋼業・非鉄金属	10	1
34	金属製品	1	5
35	一般機械器具	14	16
36	電気機械器具・情報通信機械器具・電子部品・デバイス	8	8
37	輸送用機械器具	16	4
38	精密機械器具	3	0
39	その他	1	6
—	コングロマリット	0	0
—	多産業	0	0
	合計	100	100

注1：Fruin, W. M. (1994) *The Japanese Enterprise System: Competitive Strategies and Cooperative Structures*, Clarendon Press Oxford, pp. 359の企業リストをアメリカ標準産業分類項目表に従って，筆者が再分類した。

注2：Suzuki, Y. (1991) *Japanese Management Structures, 1920-80*, Macmillan Academic and Professional Ltd., pp. 93より，アメリカ標準産業分類項目表に従って，筆者が整理した。

次に，製品戦略と組織構造について欧米と日本の研究を見ていく。

ルメルトは製品戦略と組織構造の関係を簡潔にまとめた。以下，アメリカの研究をはじめ，フランス，ドイツ，日本において各国の研究に触れる。**図表３-６，３-７，３-８**では，それぞれの組織カテゴリーに入った各戦略グループ企業の百分比を示している。

まず図表３-６を見てみる。ルメルトは，1949年から1969年の間に，最大500社に含まれる企業の大多数は著しく多角化し，製品別事業部制構造を採用するように至ったと指摘している。このため，ルメルトは拡大戦略と組織構造の間に因果関係があると見て，1949-69年に，大企業の多角化戦略と組織構造に基本的な変化が生じ，1949年には典型的な大企業は「単一事業」戦略を追求し機能別に組織化されていたが，1969年には，最多の戦略は「連鎖的―関連」戦略であり，大企業の４分の３以上が，製品別事業部制構造を有していた，と指摘している。

次に，ドイツ，フランスでの戦略と組織構造の関係を見る。図表３-７，図表３-８で示したように，1970年代前後に，ドイツ，フランスでは，アメリカと同じように大企業の大多数は多角化しており，事業部制構造を採用するに至った。

図表３-７で示したようにドイツでは，単一事業戦略をとる会社は，会社数の大多数（77.3％）が機能別に組織化されていた。しかし，最もよくとられた戦略は「主力」と「関連」戦略（全部で60社）であり，大企業の80％以上が事業部制構造を有していた。また，多角化した会社は持株会社構造をとることも多い。

図表３-８で示したように，フランスでも，ドイツと同様に，単一事業戦略をとる会社は，大多数（62.5％）が機能別に組織化されていた。ここでも，ドイツと同じように，最も多く採られた戦略は「主力」と「関連」戦略（全部で74社）であり，大企業のほぼ60％が事業部制組織構造を有し

図表 3-6 ◆ 上位500社における戦略と構造（アメリカ）

⟨1949年⟩

戦略グループ	各構造のグループにおける割合				
	機能別	副次部門を備えた機能別	製品別事業部制	地域別事業部制	持株会社
単　　　一	90.7	4.0	2.7	1.3	1.3
主　　　力	56.8	23.2	17.1	0	2.9
垂直的―主力	61.9	25.3	12.9	0	0
抑制的―主力	53.1	18.8	22.4	0	5.6
連鎖的―主力＋非関連的―主力	50.0	50.0	0	0	0
関　　　連	42.2	14.2	40.3	0	3.3
抑制的―関連	49.0	17.8	30.9	0	2.3
連鎖的―関連	26.2	5.5	62.7	0	5.5
非　関　連	0	0	61.2	0	38.8
受動的―非関連	0	0	61.2	0	38.8
取得型コングロマリット	―	―	―	―	―

⟨1969年⟩

戦略グループ	各構造のグループにおける割合				
	機能別	副次部門を備えた機能別	製品別事業部制	地域別事業部制	持株会社
単　　　一	62.3	14.2	14.2	9.3	0
主　　　力	20.7	17.5	60.3	1.5	0
垂直的―主力	32.2	22.6	45.2	0	0
抑制的―主力	14.2	6.2	73.5	6.2	0
連鎖的―主力＋非関連的―主力	0	17.8	82.2	0	0
関　　　連	2.9	6.6	89.5	1.0	0
抑制的―関連	4.1	9.7	86.3	0	0
連鎖的―関連	1.9	3.7	92.5	1.9	0
非　関　連	0	2.3	85.3	0	12.4
受動的―非関連	0	5.2	94.8	0	0
取得型コングロマリット	0	0	77.8	0	22.2

出所：Rumelt, R. P. (1974) *Strategy, Structure, and Economic Performance*, Harvard University Press.（鳥羽欽一郎・山田正喜子・川辺信雄・熊沢孝訳 (1977)『多角化戦略と経済成果』東洋経済新報社。) p. 91。

図表3-7 ◆ドイツ製造業企業上位100社における戦略と構造（1970年）

戦略グループ	各構造のグループにおける割合			
	機能別	副次部門を備えた機能別	事業部制	持株会社
単　　一　（22社）	77.3	13.6	9.1	0
主　　力　（23社）	13.1	30.4	47.8	8.7
関　　連　（37社）	0	18.9	73.0	8.1
非　関　連　（18社）	0	5.6	55.6	38.8

注：Dyas, G. P. & Thanheiser, H. T. (1976) *The Emerging European Enterprise: Strategy and Structure in French and German Industry*, The Macmillan Press Ltd., pp. 141-151 のドイツ製造業企業上位100社リストより，筆者が計算し表にまとめた。

図表3-8 ◆フランス製造業企業上位100社における戦略と構造（1970年）

戦略グループ	各構造のグループにおける割合				
	機能別	副次部門を備えた機能別	製品別事業部制	地域別事業部制	持株会社
単　　一　（16社）	62.5	18.8	0	18.7	0
主　　力　（32社）	6.3	34.4	43.7	15.6	0
関　　連　（42社）	2.4	14.3	61.9	2.4	19.0
非　関　連　（10社）	10	0	50	0	40

注：Dyas, G. P. & Thanheiser, H. T. (1976) *The Emerging European Enterprise: Strategy and Structure in French and German Industry*, The Macmillan Press Ltd., pp. 269-281 のフランス製造業企業上位100社リストより，筆者による再計算である。

ていた。そして，非関連分野に進出するときに，持株会社組織構造をとる企業が多い。

以上のように，アメリカをはじめ，ドイツ，フランスの戦略と組織構造の関連を検討した。1970年代前後に，アメリカ，ドイツ，フランスでは，企業の大多数は著しく多角化し，製品別事業部制組織構造を採用するに至ったといえる。一般的に，「単一事業」戦略を追求する大企業のほとんどは，機能別に組織化されていたが，「関連」，「主力」の多角化戦略をとる大企業は，事業部制組織構造をとる場合が多いことが示された。

3 分析のフレームワーク

3.1 データに関する説明

　本節では，中国大企業のデータを体系的に収集し，戦略と組織構造の分類を行い，それによって，個別企業だけで論じられていた上位大企業の数量的な分析を行うことを主要目的とするデータ分析を行う。つまり，大企業の戦略と組織構造についてのルメルトの枠組みを中国に適用する分析である。

　本節は，国際比較のため，国際的に定着していて，標準化されているルメルトのサンプリング方法と分類方法を採用した。本節では，2004年中国製造業企業上位500社（売上高によるランキング）リストより100社を抽出した。データ上の制約により，2004年のデータに限定される。長期間を分析することで中国企業の変貌を多角化戦略と組織構造を手がかりとして把握することは，理論的には可能であるが，この種のデータとしてさかのぼることができるのは2004年までであり，これが他の国での研究と比較できるデータとして最も古いために，この時点でのデータを採用し，分析することには重要な意義がある。さらに，最新のデータとの対比は可能だが，最近のデータを確認しても大企業の上位ランキングにも企業の内容にも小さな変化は見られるものの，大きくは変わらないため，2004年度のデータを分析の出発点とする。もちろん，将来におけるデータ更新の可能性は高い。

　中国では，国際競争力のある大企業・大集団を発展させるという国の政

策を貫徹するために，2002年から中国企業連合会・中国企業家協会が，国際的に通用している方法で，毎年，中国企業500強（中国企業上位500社，香港・マカオ・台湾の企業を除く。以下同じ）をリスト・アップしている。更に，2004年から，中国企業500強以外に，中国製造業500強と中国サービス業500強をリスト・アップした。本節は中国製造業500強リストから上位100社を抽出した。対象を製造業とした理由は前述したように，中国における製造業の重要な地位を考慮したこと，および先行研究が製造業を対象とするもののみであることから，国際比較を可能とするために製造業に限定することにした。

中国製造業500強は次の3つのルートからリスト・アップされる。

①自己申告した企業を確認した上でのリスト・アップ
②地方政府の推薦によるリスト・アップ
③上場している公開企業からのリスト・アップ[24]

さらに，中国製造業500強の中にリスト・アップされるには，企業は次の条件を充たさなければならない。

①中国に本拠を置くこと
②2004年の売上高が12億元（1元は約15円，以下同じ）以上であること
③行政関連会社および資産運用関連会社ではないこと
④持ち株会社の場合は，株主である会社であること[25]

しかし，中国企業は，情報公開を義務づけられていないために，有価証券報告書による正確なデータを入手するのは難しい。そのため，本節は，中国製造業上位100社のホームページ上の情報から，製品戦略と組織構造をルメルトのカテゴリーで分類し，データ化した。不足分は中国統計年鑑，中国経済年鑑等より資料収集した。各社はホームページで会社紹介，主要製品，沿革，組織構造図，最新ニュースなどを載せている。各社は上場しているため，直接金融を求めて情報提供がなされているので，ホームペ

ジ上の情報は，かなり信頼できる。

　しかし，データ資料については，いくつかの限界がある。まず，非上場会社（同族会社）や，中国製造業上位500社にランクされるように申請していない会社はデータの中に入っていない。次に，ホームページがない会社，あるいは統計資料にも入っていない会社のデータがないため，これらの企業は本書では扱わない。また，中国企業の財務データは入手困難なため，専門化率などを正確に計算することができなかった。

3.2　分析のプロセス～東風汽車公司の事例

　分析のプロセス，各カテゴリーが示す会社の種類，そして行われた判断の基準を示すために，一例を挙げよう。この事例によって，製品多角化戦略と組織構造をルメルトのカテゴリーで分類して分析するプロセスについて説明する。

　東風汽車公司（東風自動車会社）は1969年に設立された自動車会社である。成立以来，"東風"というブランドで自動車分野の有力企業になった。本来，会社は軽型商用車のみの生産をしていたが，現在中国国内の乗用車需要の増大から多角化しており，"主に小型商用車と乗用車を生産する"とホームページ上でアピールしながら，自動車エンジン，部品，特殊車（軍用など）などの生産も行っている。同社は自動車事業のゆえに軽型商用車と乗用車は「主力」事業であり，他の事業のすべてが同社の主力事業と関連を持っている。製品戦略からみると，抑制―主力戦略を取っていると言える。

　東風汽車公司の組織構造は典型的な母子会社組織である。1999年に，東風汽車公司は経営改革により，母子会社の組織構造となった。母子会社とは，母会社（親会社）は会社の全体の目標，計画などを制定・実施して，

集中管理をし，そして，子会社の業績などを評価・監督して，ゼネラルマネージャーの任免をし，新市場の開拓と旧事業の撤退などの戦略的決定を行う形態である。東風汽車公司は1990年に営業不振になったため，1993年から改革を開始し，1999年に母子会社組織を最初に作り，2000年から会社の業績は好転した。中国では母子会社の形態をとる会社が多く，その中で，東風汽車公司の母子会社パターンは最も典型的であると言われている。筆者はホームページ上の同社の組織図に基づいて，同社の組織図を簡略化して**図表3-9**にまとめた。

この図表3-9での組織をルメルトのカテゴリーに当てはめるときに，問題になるのがゼネラル・マネジメントという概念である。ルメルトは組織構造のカテゴリーについて説明する際に，ゼネラル・マネジメントという概念を提示した。ルメルトによれば，ゼネラル・マネジメントとは，1つの完全な経済単位，つまり市場において自らのために行動できるような十分な資源と自律性を保有する，企業あるいは企業の下部単位のマネジメントであり，機能別構造においては，主要な下部単位は経営活動全体では

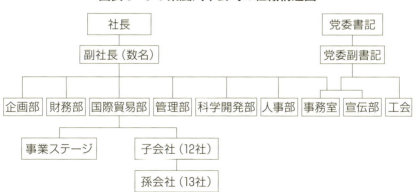

図表3-9 ◆東風汽車公司の組織構造図

注：東風汽車公司のホームページ http://www.dfmc.com.cn に掲載されている組織構造図より筆者が整理して作成した。

なく，販売，エンジニアリング，生産といった経営機能を取り扱い，この場合ゼネラル・マネジメントは，もっぱら最高レベルのみにおいて行われ，機能別の下部単位間を調整することが重要な責任とされる。

図表3-9からわかるように，東風汽車公司は多くの製品別子会社を持っているため，製品別事業部制を採っているように見えるが，社長，副社長などトップ・マネジメントの下に，直接的に製品別事業部が置かれずに，機能別組織が揃っている。この組織では，子会社は製造を担当するだけで，自律性を持っているわけではない。つまり，ゼネラル・マネジメントは母会社のトップに据えられており，子会社にはこの機能は与えられていない。この場合，東風汽車公司の組織構造は機能別組織の変形であると解釈した。

以上のように，東風汽車公司の製品戦略は抑制―主力多角化戦略で，組織構造は機能別であると判断される。

4 　中国製造業企業上位100社に対するデータ分析

4.1　産業別および製品戦略，組織構造

既述したように，企業の成長において決定的要因である多角化について，データの制約から中国では研究の蓄積が少ない。本節では，国際的に定着し，標準化されているルメルトの枠組みと分類方法に従って，中国における上位100社のデータを収集し，その産業別分布を分析し，多角化戦略と組織構造について研究を試みる。

第2節において，ルメルトをはじめ，産業別分布，戦略および組織構造

の関連という2つの側面でドイツ，フランス，日本の先行研究を検討した。以下では，中国大企業の産業別構成を検討し，多角化戦略がどのようなものかを確認する。

産業別構造については，一般的に，欧米と日本では，上位大企業は食料品（SIC20），化学工業（SIC28），石油製品・石炭製品（SIC29），鉄鋼業（SIC33），一般機械器具（SIC35），電気機械器具・情報通信機械器具・電子部品・デバイス（SIC36），および輸送用機械器具（SIC37）の7つの産業に集中していることが，先行研究の結果から示されている。本章では，中国において大企業の産業別構造は一般性を持っているか，あるいは特殊性を持っているか，ということを解明するために，中国製造業企業上位100社のデータに基づいて，アメリカ標準産業分類項目表に従って，中国大企業の産業別分布を**図表3-10**にまとめた。さらに，200社のデータをとって，同じ図表にまとめている。

図表3-10を見ると，100社でも200社でも，中国では大企業は3つの産業に著しく偏っていることがわかる。すなわち，中国の大企業は，鉄鋼業（SIC33），電気機械器具・情報通信機械器具・電子部品・デバイス（SIC36），輸送用機械器具（SIC37）の3つの産業に著しく偏っている。100社のうち，SIC33，SIC36，SIC37の3つの産業に上位大企業の74％が含まれる。一般的に，他の先進工業国で上位大企業が多く含まれる食料品（SIC20），化学工業（SIC28），石油製品・石炭製品（SIC29），一般機械器具（SIC35）の4つの産業には，上位大企業の9％しか含まれない。

つまり，中国においては，大企業は3つの産業に著しく偏っている。この理由は政策的に投資が方向づけられた点にある。

次に，中国大企業がどのような戦略と組織構造を採用しているのか，データを分析する。

図表3-10◆中国製造業企業上位100社および上位200社の産業別分布，2004年（売上高によるランキング）

SIC	産業	上位100社	上位200社
20	食料品	3	10
21	煙草	3	10
22	繊維工業	2	5
23	衣服・その他の繊維製品	0	4
24	木材・木製品（家具を除く）	0	0
25	家具・装備品	0	1
26	パルプ・紙・紙加工品	0	1
27	印刷・同関連業	0	0
28	化学工業	3	13
29	石油製品・石炭製品	1	1
30	ゴム製品	0	0
31	なめし革・同製品・毛皮	1	2
32	窯業・土石製品	2	4
33	鉄鋼業・非鉄金属	34	56
34	金属製品	0	1
35	一般機械器具	2	10
36	電気機械器具・情報通信機械器具・電子部品・デバイス	23	43
37	輸送用機械器具	17	26
38	精密機械器具	0	0
39	その他	0	0
―	コングロマリット	6	6
―	多産業	3	7
	合計	100	200

注：アメリカ標準産業分類に従って筆者が集計した。

図表 3-11◆中国製造業企業上位100社における戦略と構造（2004年）

戦略グループ	各構造のグループにおける割合				
	機能別	副次部門を備えた機能別	製品別事業部制	地域別事業部制	持株会社
単　　　一　　　（13社）	92.3	0	0	0	7.7
主　　　力　　　（44社）	70.5	4.5	18.2	4.5	2.3
垂直的―主力　（8社）	87.5	0	12.5	0	0
抑制的―主力　（19社）	73.7	0	15.8	5.2	5.2
連鎖的―主力＋非関連的―主力（17社）	58.8	11.8	23.5	5.9	0
関　　　連　　　（10社）	40.0	0	50.0	0	10.0
抑制的―関連　（4社）	50.0	0	25.0	0	25.0
連鎖的―関連　（6社）	33.3	0	66.7	0	0
非　関　連　　　（4社）	0	0	25.0	0	75.0
受動的―非関連（0社）	―	―	―	―	―
取得型コングロマリット（4社）	0	0	25.0	0	75.0

注：100社のうち，29社の組織図は入手できないため，71社のデータより筆者作成。

　戦略と構造の関係を**図表 3-11**にまとめた。数字は組織カテゴリーに入った各戦略グループ企業の百分比を示す。データ上の制約で71社のデータである。

　図表 3-11では，中国大企業の大多数は多角化しており，特に主力戦略を採用した企業が多く，全体の61.9％を占めることがわかる。関連事業と非関連事業に多角化した企業は全体の20％を占める。他方で単一事業事業がかなり存在しており，全体の18.1％も占めている。

　ここで，単一事業企業のほとんどは，機能別構造を採っている。多角化した企業は事業部制を取る傾向があるが，主力事業を抱える上位大企業は依然として機能別組織が多いことがわかる。他方で，関連事業と非関連事業に多角化した企業は機能別組織構造より，事業部制構造を採る会社が多

いことが見て取れる。持株会社も多いと言ってよい。

　つまり，中国では，大企業の製品多角化戦略から見ると，主力事業を中核として多角化したパターンが多い。しかし，関連・非関連分野に多角化した大企業は，それほど多くないといえる。

　組織構造から見ると，各社のホームページ上の情報では，ほとんどの大企業は事業部制へと積極的に移行しているように見えるが，現状では「母子会社」という中国独自のパターンが数多く存在する。つまり，現在の中国では，機能別組織構造が依然として多いことがわかる。

4.2　全体のパターンの要約

　まず，中国大企業の産業別にみると，図表3-10で示したように，中国企業の産業別構造は独特の特色を持っており，大企業への大規模化の過程が他国と異なることがわかる。中国製造業企業上位100社においても上位200社においても，3つの産業，すなわち鉄鋼業・非鉄金属，電気機械器具・情報通信機械器具・電子部品・デバイス産業，それに輸送用機械器具産業に著しく偏っている。これに関しては，天野（2005）が中国の家電産業の発展についてその概要をまとめる際に，中国では1970年代以前に重工業優先の発展戦略を中心に進めてきたことを指摘している。また，丸川（2000）が1949年から1978年までの時期の産業政策を特徴づけるのは重工業優先政策と計画経済であると指摘している。したがって，中国企業の産業別構造が独特の特色を持つ理由の1つとしては，中国における計画経済下の政策的投資が特定産業に集中していることを反映していると考えられる。

　次に，多角化戦略と組織構造の関連においては，図表3-11からわかるように，中国企業の大多数は単一事業戦略から主力事業戦略へと進行する

傾向がある。

そして，多角化戦略を採用した企業は主力事業を持ちながら，関連分野あるいは非関連分野に事業数を増加するパターンが多い。

組織構造については，単一事業企業の多くは機能別組織を採っているのに対して，多角化戦略を採用した企業は事業部制に移行しているように見えるが，依然として機能別組織が多い。

5 欧米，日本等との国際比較

5.1 上位企業の産業別分布

本節では，産業別分布と製品多角化戦略について国際比較分析を行うため，欧米，日本と中国の大企業の産業別分布を**図表3-12**にまとめた。

まず，共通点については，中国は他の国と同じく，鉄鋼業・非鉄金属（SIC33），電気機械器具・情報通信機械器具・電子部品・デバイス（SIC36），輸送用機械器具（SIC37）の3つの産業には，巨大企業は集中する。

また，他の国と同じく，衣服・その他の繊維製品（SIC23），木材・木製品（SIC24），家具・装備品（SIC25），なめし革・同製品・毛皮（SIC31），精密機械器具（SIC35）の5つの産業に，大企業の数がきわめて少ないことがわかる。

次に，相違点を見ていく。既述したように，一般的に，大企業は食料品（SIC20），化学工業（SIC28），鉄鋼業（SIC33），一般機械器具（SIC35），電気機械器具・情報通信機械器具・電子部品・デバイス（SIC36），およ

図表 3-12◆欧米・日本・中国の製造業企業上位100社の産業別分布

SIC	産 業	アメリカ 1994	フランス 1970	ドイツ 1970	日本 1987	イギリス 1950-80	中国 2004
20	食料品	17	17	5	14	29	3
21	煙草	2	1	2	1	0	3
22	繊維工業	0	4	2	1	6	2
23	衣服・その他の繊維製品	1	1	1	0	0	0
24	木材・木製品（家具を除く）	0	1	0	0	0	0
25	家具・装備品	0	0	0	0	0	0
26	パルプ・紙・紙加工品	4	3	1	4	8	0
27	印刷・同関連業	0	0	3	2	0	0
28	化学工業	19	12	11	13	7	3
29	石油製品・石炭製品	16	7	6	9	4	1
30	ゴム製品	1	3	0	1	1	0
31	なめし革・同製品・毛皮	0	0	0	0	0	1
32	窯業・土石製品	0	3	1	2	5	2
33	鉄鋼業・非鉄金属	2	10	14	10	1	34
34	金属製品	0	6	0	1	5	0
35	一般機械器具	3	2	0	14	16	2
36	電気機械器具・情報通信機械器具・電子部品・デバイス	17	10	10	8	8	23
37	輸送用機械器具	12	10	17	16	4	17
38	精密機械器具	6	0	1	3	0	0
39	その他	0	0	0	1	6	0
—	コングロマリット	0	3	3	0	0	6
—	多産業	0	9	23	0	0	3
	合計	100	100	100	100	100	100

注：産業別分類項目はアメリカ標準産業分類項目表により作成。
出所：アメリカの場合はFortune誌（1994），中国の場合は中国企業500強，イギリスはSuzuki（1991），日本はFruin（1994），フランス・ドイツはDyas & Thanheiser（1976）よりデータを入手し，筆者が分類した。

図表3-13◆欧米・日本・中国の製造業企業上位200社の産業別分布

SIC	産業	アメリカ 1973	アメリカ 1988	日本 1987	イギリス 1985	中国 2004
20	食料品	22	18	25	32	10
21	煙草	3	3	1	4	10
22	繊維工業	3	2	2	4	5
23	衣服・その他の繊維製品	0	1	0	4	4
24	木材・木製品（家具を除く）	3	7	3	2	0
25	家具・装備品	0	1	1	0	1
26	パルプ・紙・紙加工品	10	9	8	4	1
27	印刷・同関連業	1	9	4	6	0
28	化学工業	28	40	34	24	13
29	石油製品・石炭製品	26	18	13	23	1
30	ゴム製品	5	1	6	0	0
31	なめし革・同製品・毛皮	0	0	0	1	2
32	窯業・土石製品	8	6	10	9	4
33	鉄鋼業・非鉄金属	18	10	17	13	56
34	金属製品	4	5	5	7	1
35	一般機械器具	13	13	27	11	10
36	電気機械器具・情報通信機械器具・電子部品・デバイス	15	21	14	23	43
37	輸送用機械器具	22	20	20	27	26
38	精密機械器具	2	4	8	1	0
39	その他	1	1	2	5	0
—	コングロマリット	16	11	0	0	6
—	多産業	0	0	0	0	7
	合計	200	200	200	200	200

注：産業別分類項目はアメリカ標準産業分類項目表により作成。
出所：アメリカの場合はChandler, Amatori & Hikino（1997），中国の場合は中国企業500強（2004），イギリスの場合はThe Times 1000, 1986-1987，日本の場合はFruin（1994）よりデータを入手し，筆者が分類した。

び輸送用機械器具（SIC37）の6つの産業に集中していると言える。しかし，中国大企業の産業別構造は独自のパターンを持っている。つまり，先の分析で，中国の大企業は鉄鋼業・非鉄金属（SIC33），電気機械器具・情報通信機械器具・電子部品・デバイス（SIC36），輸送用機械器具（SIC37）の3つの産業に集中している。

そして，他国と異なり，中国は消費財産業が少ない。特に食品産業が目立つ。アメリカの場合，一般的に，上の6つの産業と石油製品・石炭製品産業が歴史的に安定している。しかし，食料品（SIC20）と鉄鋼業・非鉄金属（SIC33）の産業に大企業の数が減っていくのに対して，化学工業（SIC28），電気機械器具・情報通信機械器具・電子部品・デバイス（SIC36）の産業においては，大企業の数は増えつつあるが，中国の場合は化学工業（SIC28）と一般機械器具産業（SIC35）においては，大企業が少ない。

さらに，各国の産業別分布（200社）を**図表3-13**にまとめたが，100社の場合とほとんど同じような傾向を示している。

5.2 製品戦略と組織構造の比較

まず，製品多角化戦略において国際比較を試みる。第4節で分析したように，中国はアメリカ，フランス，ドイツと同じように，大企業の大多数は主力か関連分野か非関連分野に多角化していることがわかった。

しかし，アメリカでは単一事業から関連事業に多角化しているのに対して，中国では主力事業に展開するパターンが多い。ドイツとフランスでも，大企業100社のうち，それぞれ40社ほど関連事業に多角化している。日本については，上野（2004）が，現在の日本企業は事業集中を進めているが，関連型多角化も行われており，多角化に関しては関連型多角化が主流であ

ると指摘している。中国企業は一般的に，主力事業を抱えながら，多角化しているパターンが多い。つまり，中国大企業は欧米，日本と違って独自のパターンになっている。

次に，組織構造について見ていく。上野（2004）は，日本では多角化企業の組織構造として事業部制組織が一般的であるが，職能別組織もまた依然として重要な地位を占めていることを指摘した。アメリカでは，**図表3-14**で示したように，70年代になると，関連分野と非関連分野への多角化につれて，大企業の大多数が製品別事業部制構造を採用している。

図表3-14◆アメリカ大企業の組織構造パターン

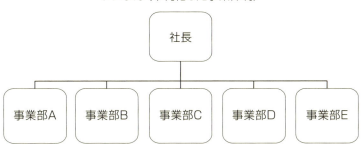

注：Rumelt, R. P.（1974）［鳥羽欽一郎・山田正喜子・川辺信雄・熊沢孝訳（1977）『多角化戦略と経済成果』東洋経済新報社］p. 46を整理。

フランスとドイツでは，多角化した大企業はアメリカと同じく，製品別事業部制を採用した企業が多い。フランスとドイツの両国でも，副次部門を備えた機能別組織構造を採用した会社数は，事業部制組織を採った会社数より少ないものの，ある程度存在する。

中国では，一般的に大企業は母子会社の形態を採ることが多い。母会社には財務，研究開発など膨大な機能別組織機構を持つが，子会社は製造機能しか持たない機能別組織の製造部分が分割されたものであるため，母子

会社は機能別組織構造の特性を持っている。つまり，現時点で中国の大企業はある程度多角化しているが，依然として機能別組織が多いことがわかった。

6　まとめ

　本章ではどのような企業が大企業になり得るのか，また，中国大企業がどのような領域で成立しているかを分析した。そのため，各国で追試されているルメルト型の大企業分析を行い，先行研究と対比した中国での特徴を確認した。その結果，中国では巨大規模になる産業領域が他国よりもかなり限定されており，計画経済下での特徴を引き継いだものであるといえることが明らかとなった。

　本章はスタンダードな研究とされているルメルトの研究に従い，2004年の中国製造業企業上位100社を対象に，データベースによって，中国大企業の産業別構造，戦略および組織構造について，比較分析した。

　その結果として，産業別構造については，中国上位大企業の産業別分布が著しく偏っており，独自のパターンを持っていることが明らかとなった。製品戦略においては，欧米および日本と同様に，中国の大企業のほとんどが多角化しているものの，戦略の方向としては主力事業の確立をめざしている。中国の大企業の組織構造においては，中国独自の母子会社構造が一般的である。大企業は事業部制をとる傾向を示しているが，依然として機能別組織が多い。

　つまり，産業別構造においても，戦略と組織構造においても，欧米，日本に比べて，中国の大企業は独特であることがデータから示された。

　次に，企業が大企業へと発展する道筋として，従来から企業がシナジー

を追求して大量の経営資源を保有し，その結果として巨大化したと議論されてきたが，計画経済下で企業として構想された中国企業は自発的にシナジーを追求したとはいえない。さらに，中国企業各社のデータを分析すると，中国大企業は民営でも国有でも，当初からその規模は政府が政策的に決定したものであるといえる。さらに，Khanna & Palepu (1997) の議論によれば，新興市場では，企業経営を支援するために必要な制度（資本市場，労働市場，製品市場，政府規制，契約実施）の提供が不足しているため，コングロマリット戦略をとった多角化企業グループは，集中戦略をとるよりも制度的背景に欠けている機能を供給することで企業価値を高めて競争優位を獲得できると指摘しているが，中国ではコングロマリット企業は少なく，国有企業も民営企業も主力事業戦略をとるケースが多い。国有大企業は計画経済下で大規模に設立されたために，当初より大規模生産ができるように規模が保証されていたといえる。この点は他の新興国とは異なる条件である。

　最後に，中国には成長プロセスが存在しない大企業が存在するため，いわゆる「競争を通じた成長プロセスを経ない大企業」の存在を指摘できる。成長経験つまり試行錯誤なしに中国企業が大企業になり得ることで，中国の大企業を対象に議論するときに，先進国および新興国における大企業の成長議論をそのまま中国企業に適用することは困難である。よって，中国企業の大規模化を議論する際に，成長プロセスが存在しないという点は，中国大企業の成立過程における企業行動にどのようにつながるのかについて，さらに分析を行う必要がある。このために，中国における「競争を通じた成長プロセスを経ていない大企業」の抽出と比較が必要となる。

　次章以降では，中国大企業を分類することで中国での大企業のうちで成長プロセスを経ることなく大規模になった企業を抽出し，それがどのような特徴を持つかについての分析を行う。また，各類型の特徴の差異を比較

することによって，中国大企業を説明するのにどのような理論が有効であるのかを考察する。

❖注

18 1990－2002年には，中国のGDPの成長率（前年比）は平均で9.3%，1998－2002年には平均で7.7%である。国務院発展研究中心主弁（2003），『2003中国経済年鑑』，中国経済年鑑社出版，p. 853。また，2000年に8.0%，2001年は7.5%，2002年に8.3%，2003年に9.5%，2004年に9.5%である。中華人民共和国国家統計局編，『中国統計年鑑—2005』，p. 907，中国統計出版社，2005年9月。
19 国家統計局工業交通統計司編（2004），『中国工業経済統計年鑑2004』，中国統計出版社，p. 398。
20 上野恭裕（2004），「日本企業の多角化経営と組織構造」，『組織科学』VOL. 37，3，p. 21。
21 ルメルト（1977），『多角化戦略と経済成果』，東洋経済新報社，ブルース・R・スコットが書いた序によって整理した。
22 ゼネラル・マネジメントとは，1つの完全な経済単位，つまり市場において自らのために行動できるような十分な資源と自律性を保有する，企業あるいは企業の下部単位のマネジメントをいう。
23 SICとはStandard Industrial Classificationの略称であり，標準産業分類項目を意味する。
24 URL：http//china-500.orgの中国製造業企業500強申告資格などより整理。
25 同上より整理。

第4章
中国大企業のケース分析
── 類型別のパフォーマンス

第4章　中国大企業のケース分析　77

1　はじめに

　第2章では，これまでの大企業研究において，戦略論を概観し，既存の理論のほとんどが規模を拡大するための方策であることを指摘した。さらに，中国企業にも戦略論の適用が妥当するかについて考察した。その結果，先進国と新興国を区分して論じるだけではなく，中国を別途検討する必要があることが明らかになった。

　また，第3章では，中国大企業のプロフィールを見るために，経営資源と大企業を問題にしてきたルメルトの追試を行い，その結果をアメリカ以外の国での類似研究と対比した。ルメルトは，巨大化した企業がどのような産業で成立して，どのような構造と戦略を持っているかを明らかにしようとし，規模の拡大が実現する条件を考えようとするのがルメルトの関心であった。ところが，中国で追試を行うと，他の国がルメルトと共通する結果を示したのに対して相当に異質であることが明らかになった。

　これらから，中国大企業での異質性を探ると，特定の産業への集中度がきわめて高いこと，多角化が必ずしも大規模化への手段ではない可能性が高いこと（母子会社という機能別組織の採用が傍証になると考えられる）などから計画経済下で大規模に作られている企業が現在でもその規模を維持している可能性が高いことが示唆される。多角化を追求するのは，特定の事業だけでは規模が達成できないことが理由になるが，中国の企業は計画経済下においては地域独占の状態にあり，規模は地域経済がその事業を必要とする量によって決まってくると考えられる。その状態が維持されているとすると，それらの企業は戦略的判断の下で事業構成を決定してきたのではなく，組織的慣性（Hannan and Freeman, 1984）によって現在の

状況が生じたと考えられる。

　以上のことを踏まえて，これまで体系的に議論されていなかった中国大企業のダイナミクスを解明するために，「競争を通じた成長プロセスを経ない大企業」の存在を前提に，①競争の影響を受けているか否か；②企業行動としてどのような特徴を持つか；③当初の経営資源がそのままの形で残存するのか，資源の更新がなされているかを経営資源ベースで分析を行う必要がある。

　そのために，中国大手製造業を類型化し，各類型の企業行動の特徴やパフォーマンス，保有する経営資源の変化を比較することによって，「競争を通じた成長プロセスを経ない大企業」を抽出し，その特徴を解析することが本章の目的である。

2　データと方法

　調査対象としては，2004年時点での中国製造業企業上位500社リスト（売上高によるランキング）よりサンプル200社を抽出し，オリジナルなデータベースを作成した。各社の所有形態，存続年数，設立時の所有形態，設立年，本社所在地，製品多角化を調べて表にまとめた。データは2004年と2010年[26]のデータを用いた。ただし，第1章で述べたように，外資企業や所有形態等が不明である企業は除外した。よって，全部で174社がデータに含まれた。また，有価証券報告書[27]に関しては，各企業の時系列の財務データが完備していないため，最近の各企業の2002年，2004年，2009年，2010年と2011年の有価証券報告書を調べたが，非上場企業や財務データが不足している企業も存在しているため，財務に関する数値データは65社に限られる。

データは主に各社のホームページにおける公開資料，中国政府によって発行された統計資料，先行文献，企業の内部資料，企業に対するインタビュー等によるものである。第1章で議論したように，中国大企業を国有企業と民営企業に分けて分析をすすめる。

3 中国大企業の成立過程と「競争を通じた成長プロセスを経ない大企業」の抽出

上述したように，中国大企業での現在の規模の達成については，競争環境下で経営資源を更新し，自己変革を遂げた結果としての規模拡大を達成した企業と，組織慣性のままに規模を維持してきた企業の存在が予想され，それを判別する分析が必要である。これを踏まえて，まず，中国大企業のダイナミクスを論じるのに必要な定義と成長の指標を述べる。

3.1 成長の暫定的指標と「競争を通じた成長プロセスを経ない大企業」の操作的定義

(1) 成長の暫定的指標の提示

前述したように，中国における「競争を通じた成長プロセスを経ない大企業」が存在するため，その抽出が必要になる。

「競争を通じた成長プロセスを経ない大企業」は，最初から大規模に設立されており，資本や設備，人的資源などの経営資源を政府から配分されている。ただ，市場経済への移行後，競争が開始されて，海外企業の技術資源などの導入が必要になったなどの理由からこれらの資源を入れ替える必要が生じて，資源転換の指標が必要になる。本節では「競争を通じた成長プロセスを経ない大企業」を抽出するために成長の暫定的指標に基づいて資源転換の指標を議論する。

本書では経営資源の集積を問題としているために，本来であれば資産での測定が望ましいが，最近は無形資産が問題となるため（例えばケイパビリティ），代替的指標も用いる必要がある。成長の操作的定義と測定について，Peng（1997）は，企業の成長は多次元の構成概念であり，次の3つの要素，すなわち①資産と従業員の人数；②売上高と純利益；③事業，製品とサービスの種類を増やすことを包括する。しかし，由井・大東（1995）によると，雇用労働者数は労働集約的産業と資本集約的な産業によって必要労働力の量が著しく異なる上，技術の進歩や生産性の向上によって，所要人数が減少するという難点があるとし，売上高は，経営活動や企業成長の計測には適切であるとしている。また，従業員の人数に関しては近年の時系列のデータがないため，本章では②売上高と純利益；③製品の種類で企業の成長を定義し，中国大企業の成長を測定する。

　また，中国大企業の設立時からの売上高と純利益の時系列データが存在しないため，戦略の多様性を考慮し，内部成長と外部成長に分けて成長基準となりうる要素を検討し，入手できるデータの範囲内で成長の暫定的指標を定めた。

　これに関しては，Chandler（1990）は次のように近代企業の持続的成長の4つの方法を指摘している。

「第1の方法は，ほぼ同一の市場向けに，ほぼ同一の製品を生産するために，ほぼ同一の製法を使用している企業を買収するか合併するかによるものであった。つまり，水平結合による成長であった。第2の方法は，採鉱や原材料の加工から最終組立や包装にいたる，ある製品を生産する前あるいは後の段階に含まれる業務単位の吸収によるものであった。第3の成長方法は，地理的に遠隔地に進出することであった。第4の方法は，企業の既存技術や市場に関連した新製品をつくることであった。最初の2つの

戦略の主要動機は通常防衛的なものであり，企業の既存の投資を守るものであった。他の2つの戦略においては，企業は既存の投資，とりわけ既存の組織能力－設備や技能－を使用して，新しい市場や新しい事業へ進出した。(Chandler, 1990, p. 29)」

　また，Chandler（1990）はもう1つの持続的成長戦略，つまり第4の方法である多角化への刺激は環境要因と企業内要因の双方から生じたと指摘している。そこで，企業の成長の暫定的指標として，まず，水平結合，垂直統合，地域的拡張（国内における地域的拡張），地域的拡張（国際化）のデータを収集した。
　近年の研究では，企業の内部成長と外部成長に分けて，成長基準となりうる要素としては，以下の指摘がある。Helfat et al.（2007）は，成長の手段として，M&A，ジョイント・ベンチャーや戦略的提携，新製品開発を通じた内部成長が挙げられると指摘している。Barney（2003）によれば，戦略的提携には業務提携，資本・業務提携とジョイント・ベンチャーの3つのタイプがある。このことから，ここではジョイント・ベンチャーを戦略的提携の中に含まれるとみなす。Helfat et al.,（2007）が指摘した内部成長要因の1つである新製品開発については，「2011年度の特許数」を調べた。また，Peng（1997）が指摘した上述の③製品の種類で成長を測定するため，各企業の設立当時の製品系列と2004年，2010年の製品系列を調査した。2004年度の製品系列に関しては，筆者が第3章で用いたデータベースに基づいてまとめたものである。しかし，第3章で作成したデータベースは中国大手製造業上位100社を対象にしているため，本章で対象にしている中国大手製造業上位100社～200社にあたる企業に関してはデータが不足している。よって，設立当時の製品系列と2010年の製品系列のみをデータとして用いる。

上述した戦略的提携，M&A，水平結合，垂直統合，国内における地域的拡張，国際化の成長指標は資源転換の指標にもなりうるが，他に人材と組織の改編も資源転換の指標になりうる。しかし，人材と組織に関しては明確なデータがないため，代わりに最高経営者を外部からの人材獲得があったかを指標とする。そのため，中国企業の最高経営者の経歴を調べた。中国企業の最高経営者になるには，3つのパターンがみられる。1つ目は，平社員から内部昇進してきたパターン；2つ目は，外部から人材資源として獲得してきたパターンであり，外部からの人材供給元は中央政府や地方政府が多く，このことで政府とのネットワークを構築するという目的を持つ。いわゆる官僚の天下りであるパターン；3つ目は，企業の創業者であるパターン。

　さらに，中国企業の特性を考慮して，中国大手製造業200社の成立経緯について各企業の歴史等を調べた。対象になる企業の所属産業，立地，設立時の所有形態（元所有と略する），現在の所有形態，設立年，製品多角化の程度もデータ化した（**付表2を参照**）。

　上述したように，中国における大企業の設立時からの時系列の財務データを入手することができないため，「競争を通じた成長プロセスを経ない」大企業を抽出するには，暫定的指標として戦略的提携，M&A，水平結合，垂直統合，国内における地域的拡張，国際化，特許の取得数，設立当時の製品系列，2010年の製品系列のデータから抽出することになる。この結果は，**図表4-3**，**図表4-4**，**図表4-5**にまとめた。ただ，特許の取得数に関してはデータの不備があるため，すべての企業のデータは入手できなかった。

(2) 「競争を通じた成長プロセスを経ない大企業」の操作的定義とパフォーマンスの測定

本章では，Chandler（1990）の定義に従い，中国大企業の特性から「競争を通じた成長プロセスを経ない大企業」を，「計画経済期に大規模に設立された国有企業であり，競争環境に積極的に対応しようとしていない企業である」と定義する。

また，「競争を通じた成長プロセスを経ない大企業」を抽出し，中国大企業を分類した上で各類型のパフォーマンスを測定し，中国における成功モデルを考察する。さらに経営資源ベースに基づいて「競争を通じた成長プロセスを経ない大企業」の特徴を議論する。ただし，企業の設立当時からの時系列の売上高と純利益のデータが存在しないため，入手できた2002年以降の各企業の「上市公司財務報表」に基づいて，各企業の近年のパフォーマンスをROS（純利益／売上高）で測定した。

(3) 国有企業と民営企業の分布

調査対象となる各社の資料によって中国企業の規模獲得の経緯が異なることが明らかとなる。計画経済下では地域独占の状態であるが，移行経済になると競争による規模の拡大が開始される。この時に家電と自動車では成長のパターンが異なる。家電は新製品の開発がトップシェアを維持するという成長パターンが多く，自動車は海外企業と技術・資本の提携を行って成長する。

本章では，まず中国固有の大企業の地域性をみるため，地域による中国大企業100社の分布を図表4-1にまとめ，地域による中国大企業200社の分布を図表4-2にまとめた。

2004年の『政府工作報告』によると，中国の経済地域は，大きく東部，中部，西部と東北の4つに分けられている[28]。その中で，東部地域は市場

図表 4 − 1 ◆地域別による中国大企業100社の分布

注："○"は民営企業を示す；"●"は国有企業を示す。ただし，地図上の制限により，各社のおおよその場所を示すものである。
出所：中国地図は「中国まるごと百科事典」（URL：http://www.allchinainfo.com/profile/city/china_unitemap.htm）による。大企業の分布は筆者が各社の本社所在地によって地域ごとに描き加えたものである。

経済に入った時から中央政府の優遇政策を受けて急成長を遂げてきた沿岸部である。図表4−1と図表4−2が示すように，中国製造業大企業200社の多くは東部地域，いわゆる沿岸部に集中している。また，中部地域と東北地域は近年の中央政府の優遇政策を受け，大企業数は増えているものの，東部地域の大企業数よりは遥かに少ない。さらに，面積が広く，人口が少ない西部地域には大企業がほとんど存在しない。

また，国有企業と民営企業を分けてみると，図表4−1および図表4−2

図表 4-2 ◆地域別による中国大企業200社の分布

注1："○"は民営企業を示す；"●"は国有企業を示す。ただし，地図上の制限により，各社のおおよその場所を示すものである。
注2：大企業の本社の所在地を示すものである。
出所：中国地図は「中国まるごと百科事典」（URL：http://www.allchinainfo.com/profile/city/china_unitemap.htm）による。大企業の分布は筆者が各社の本社の所在地によって地域ごとに描き加えたものである。

で示しているように，民営企業は東部地域に集中し，大部分は東部地域にある北京市，山東省，江蘇省，上海市，浙江省と広東省に密集している。さらに，中部地域にある大企業はほとんど計画経済の時期に各地域に設立された国有企業であり，ほとんどが鉄鋼業・非鉄金属産業，輸送用機械器具産業と煙草産業に属する。

以下，中国大企業のダイナミクスを分析するにあたり，地域的差異を考慮して分析を行う。

3.2 各類型の提示と「競争を通じた成長プロセスを経ない大企業」の抽出

上述したように,「競争を通じた成長プロセスを経ない大企業」を抽出するために,暫定的指標として戦略的提携,M&A,水平結合,垂直統合,国内における地域的拡張,国際化,特許の取得数,設立当時の製品系列,2010年の製品系列を調べ,図表4-3,図表4-4,および図表4-5にまとめた。中国企業が上述した成長手段をとった場合には"○"を付し,とってない場合あるいは各企業のデータ資料の中に言及されない場合は"-"を付した。この9項目のうち,5項目以上が"○"になる場合に経営資源が更新されたと判断した。

また,データの補強として,中国大手製造業200社の質的データを調べて,各企業の成立経緯・歴史に基づいて,対象になる企業の所属産業,立地,設立時の所有形態(元所有),現在の所有形態,設立年,製品多角化の程度を分析し,図表4-6,図表4-7,図表4-8にまとめた。データを入手できない企業を除外すると,分析対象とされたのは65社である。

上述した分類基準に基づいて,これらの図表で示したように,中国大手製造業を3類型に分けることができる。

第Ⅰ類型:大企業のうちで改革開放後に設立され,設立後に競争を通して規模を拡大していった企業。

第Ⅱ類型:計画経済の中で大規模に設立された国有企業であり,改革開放後に競争に積極的に参入して経営資源を更新して規模をさらに拡大していった企業。

第Ⅲ類型:計画経済期に大規模に設立された国有企業であり,競争環境に積極的に対応しようとしていない企業であり,いわば「競争を通じた成長プロセスを経ない大企業」。

図表 4-3 ◆ 中国大企業の類型（第Ⅰ類型）

企業名	戦略的提携	M&A	水平結合	垂直統合	拡張国内における	国際化	設立当時の製品	製品系列 2010	特許の取得数
第Ⅰ類型									
3. 海爾集団公司	○	○	○	-	○	○	冷蔵庫	白物家電，キッチン家電，携帯	1341
13. 中国華源集団有限公司	○	○	○	○	○	○	医薬品	医薬品，健康食品，紡績，不動産	-
17. 上海広電（集団）有限公司	○	○	○	○	○	○	液晶顕示器	電話機，デジカメ，家電	27
40. 中国国際海運集装箱(集団)股份有限公司	○	○	○	○	○	○	コンテナー	コンテナー，空港設備，運輸車両	707
80. 雅戈爾集団股份有限公司	○	○	○	○	○	○	服装	衣服，不動産，国際貿易，金融	-
84. 四川省宜賓五糧液集団	-	○	○	○	○	○	五糧液	白酒（五糧液），包装用品，電子機材，医薬，機械	-
85. 深圳華強集団有限公司	○	○	○	○	○	○	PCソフト	ハイテク製品，デジタル関連製品，家電，製糖及び製紙，不動産	1631
104. 江蘇三房巷集団有限公司	○	○	○	○	○	○	合成繊維	紡績，化学繊維，貿易	111
125. 寧波波導股份有限公司	○	○	○	○	○	○	携帯(PHS)	携帯，パソコンおよび関連設備	21
126. 南山集団公司	○	○	○	○	○	○	紡績	紡績，アルミニウム，衣服，金融，不動産，教育，観光，航空	122
128. 華立控股股份有限公司	○	○	○	○	○	○	電気計器	電気計器，医薬品，医療設備，農業製品	-
141. 山東晨鳴紙業集団股份有限公司	○	○	○	○	○	○	紙製品	紙製品，製紙機械，電力，製紙原材料	33
147. 維維集団股份有限公司	○	○	○	○	○	-	豆乳	食料品，ニューエネルギー関連製品，貿易	-
161. 紅豆集団有限公司	○	○	○	○	○	○	繊維製品	衣服，タイヤ，医薬品，不動産	260
168. 青島澳柯瑪集団総公司	○	○	○	-	○	○	冷凍庫	家電，電気機械器具関連製品	-
170. 深圳市賽格集団有限公司	○	○	○	○	○	-	電子製品	電子製品，半導体，不動産	-
183. 杉杉投資控股有限公司	○	○	○	○	○	○	服装	衣服，ハイテク製品，貿易，金融	-
185. 深圳開発科技股份有限公司	○	○	○	○	○	○	電子製品	電子製品，ニューエネルギー関連製品，医療器械，PC関連製品	-

注：中国企業が上述した成長手段をとった場合には"○"にし，とっていない場合あるいは各企業のデータ資料の中に言及されない場合は"-"と表示した。
出所：各企業のホームページや「上市公司財務報表」，中国政府機関より発行される統計資料等に基づいて筆者が作成。

図表 4-4 ◆中国大企業の類型（第Ⅱ類型）

企業名	戦略的提携	M&A	水平結合	垂直統合	拡張国内における	国際化	設立当時の製品	製品系列 2010	特許の取得数
第Ⅱ類型									
1. 上海宝鋼集団公司	○	○	○	○	○	○	鉄鋼	鉄鋼製品, 建築資材, 加工製品, 金融	2953
2. 中国第一汽車集団公司	○	○	○	○		○	トラック	自動車, 客用バス, 部品, エンジン	1029
4. 上海汽車工業（集団）総公司	○	○	-	○		○	自動車	自動車（乗用車, 商用車, バイク, トラクター, バス）	1017
5. 東風汽車公司	○	○	○	○		○	乗用車	乗用車, 商用車, エンジン・部品, 特殊車	222
10. 鞍山鋼鉄集団公司	○	○	○	-	○	○	鉄鋼	鉄鋼と関連製品	1235
11. 首鋼総公司	○	○	○	○		○	鉄鋼	鉄鋼, 機械, 電子製品, 不動産	-
16. 京東方科技集団股份有限公司	○	○	○	○		○	精密電子部品	液晶テレビ, PDPテレビ精密電子部品, デジタル製品	2500
35. 熊猫電子集団有限公司	○	○	○	○		○	ラジオ	移動通信, 視覚ステレオ, PC, 電子機器・計器の一体製品	79
36. 南京鋼鉄集団有限公司	○	○	○	○		○	鉄鋼	鉄鋼, 不動産, 機械製造	695
39. 海信集団有限公司	○	○	○	○		○	テレビ	家電, PC, 携帯, デジタル設備, 不動産	-
53. 杭州鋼鉄集団公司	○	○	○	○	-	○	鉄鋼	なし（合併されたため）	-
55. 広州鋼鉄企業集団有限公司	-	○	○	○		○	鉄鋼	建築鋼材, 有色金属, 建築, 貿易, 不動産	1554
56. 中興通訊股份有限公司	○	○	○	○		○	半導体	通信設備, 電信設備及びサービス, 無線製品, ネット製品, 携帯	246
58. 万向集団公司	○	○	○	○		○	万向節	自動車部品, 機械部品, 伝動軸	862
61. 春蘭（集団）公司	○	○	○	○		○	エアコン	自動車, 電子・ニューエネルギー関連製品	920
68. 徐州工程機械集団有限公司	○	○	○	○		○	工程機械	工程機械及び部品	-
69. 江西銅業集団公司	○	○	○	○	-	○	銅	銅と関連製品	251
70. 華僑城集団公司	○	○	○	○		○	旅行業	消費型電子通信製品, レジャー一村, 不動産, ホテル	-
74. 江蘇悦達集団有限公司	○	○	○	○		○	自動車・紡績	自動車, 医薬品, 紡績, トラクター, 石炭, 金属, 基礎施設, 商業貿易, 不動産	591
82. 四川長虹電子集団有限公司	○	○	○	○		○	軍用製品	軍用製品, 白物家電, IT, デジタル視聴, ECO電源, 技術装備, 電子部品	1380
83. 珠海格力電器股份有限公司	○	○	○	○		○	エアコン	エアコン, 加湿器, 給湯器, 空気清浄機, 医薬品, 医療機器	576
98. 湘火炬汽車集団股份有限公司	○	○	○	○		○	内燃機部品	なし（倒産したため）	-
105. 広州医薬集団有限公司	○	○	○	○		○	薬品	医薬品, 医療器械	1380
111. 安徽江淮汽車集団有限公司	○	○	○	○		○	自動車部品	自動車, 自動車部品	111

企業名	戦略的提携	M&A	水平結合	垂直統合	拡張国内における	国際化	設立当時の製品	製品系列 2010	特許の取得数
112. 江蘇陽光集団有限公司	○	○	○	○	○	○	紡績	紡績, 服装, 医薬, 不動産, 電力, ニューエネルギー関連製品	-
129. 江鈴汽車集団公司	○	○	○	○	○	○	乗用車	乗用車, 商用車, 部品, 工程機械	-
137. 大連大顕集団有限公司	○	○	○	-	○	○	ブラウン管	テレビ, ステレオ, 携帯および関連製品	221
142. 新興鋳管股份有限公司	○	○	○	○	○	○	軍事用品	冶金鋳造, 紡績, 軍需品	-
143. 内蒙古伊利実業集団股份有限公司	○	○	○	○	-	○	乳製品	乳製品, アイスクリーム, 粉ミルク	-
144. 青島啤酒股份有限公司	○	○	○	○	○	○	ビール	7ブランド名の多種類ビール	-
150. 大連氷山集団有限公司	○	○	○	○	○	○	冷凍機	工業用冷凍設備, 農産品加工, エアコン	566
153. 清華同方股份有限公司	○	○	○	○	○	○	電子製品	PC製品, 軍需製品, 半導体, 電子製品	58
163. 華北製薬股份有限責任公司	○	○	○	○	○	○	抗生薬品, 澱粉, ガラス	医薬品, 医療機器, 栄養保健薬品, 農業用薬品, 動物用薬品, 薬品用包装材料	89
166. 哈薬集団有限公司	○	○	○	○	○	○	医薬品	医薬品, 医療器械, 栄養保健薬品, 映像製作, クリーニング・航空サービス	-
177. 太極集団有限公司	○	○	○	○	○	-	医薬品	医薬品, 健康食品, 不動産, 旅行業	120
178. 上海振華港口機械(集団)股份有限公司	○	○	-	○	○	○	大型機械	大型機械	223
189. 双星集団有限責任公司	○	○	○	○	○	○	ゴム	ゴム, 靴, ダイヤ, 服装, 機械, 電力, 印刷	70

注:中国企業が上述した成長手段をとった場合には"○"にし,とってない場合あるいは各企業のデータ資料の中に言及されない場合は"-"にした。
出所:各企業のホームページや「上市公司財務報表」,統計資料に基づいて筆者が作成。

図表4-5◆中国大企業の類型(第Ⅲ類型)

企業名	戦略的提携	M&A	水平結合	垂直統合	拡張国内における	国際化	設立当時の製品	製品系列 2010	特許の取得数
第Ⅲ類型									
28. 邯鄲鋼鉄集団有限責任公司	-	-	-	○	-	○	鉄鋼	なし(合併されたため)	117
30. 唐山鋼鉄集団有限責任公司	-	-	-	○	-	-	鉄鋼	鉄鋼	-
31. 莱蕪鋼鉄集団有限公司	-	-	-	○	-	-	鉄鋼	なし(2008年山東鋼鉄公司に合併されたため)	64
37. 馬鋼(集団)控股有限公司	○	-	-	○	-	-	鉄鉱石, 鉄精鉱	鉄鉱石, 鉄精鉱	-
38. 済南鋼鉄集団総公司	○	-	-	○	-	○	鉄鋼, 鋼板	鉄鋼, 鋼板	23
42. 湖南華菱鋼鉄集団有限	○	-	-	○	○	-	鉄鋼	鉄鋼と関連製品	-

企業名	戦略的提携	M&A	水平結合	垂直統合	国内における拡張	国際化	設立当時の製品	製品系列 2010	特許の取得数
54. 包頭鋼鉄（集団）有限責任公司	○	○	-	○	○	○	鉄鋼	鉄鋼と関連製品	104
149. 雲南銅業（集団）有限公司	-	○	○	-	-	-	銅	銅と関連製品	84
162. 新疆八一鋼鉄集団有限責任公司	○	-	○	○	○	-	鉄鋼製品	鉄鋼製品	-
190. 光明乳業股份有限公司	○	○	-	-	○	○	乳製品	乳製品	27

注：中国企業が上述した成長手段をとった場合には"○"にし，とっていない場合あるいは各企業のデータ資料の中に言及されない場合は"-"にした。
出所：各企業のホームページや「上市公司財務報表」，中国政府機関より発行される統計資料に基づいて筆者が作成。

図表4-6 ◆中国大企業の類型（第Ⅰ類型）

類型	企業名	所属産業	立地	設立年	多角化
第Ⅰ類型（18社）	3. 海爾集団公司	電気機械器具等	山東省青島市	1984	関連
	13. 中国華源集団有限公司	繊維工業と医薬	上海市	1992	関連
	17. 上海広電（集団）有限公司	電気機械器具等	上海市	1995	関連
	40. 中国国際海運集装箱（集団）股份有限公司	輸送用機械器具	広東省深圳市	1980	主力
	80. 雅戈爾集団股份有限公司	繊維工業	浙江省寧波市	1979	非関連
	84. 四川省宜賓五糧液集団有限公司	食料品	四川省	1959	主力
	85. 深圳華強集団有限公司	電気機械器具等	広東省深圳市	1979	主力
	104. 江蘇三房巷集団有限公司	繊維工業	江蘇省	1979	関連
	125. 寧波波導股份有限公司	電気機械器具等	浙江省	1992	主力
	126. 南山集団公司	鉄鋼・非鉄金属	山東省煙台市	1988	非関連
	128. 華立控股股份有限公司	電気機械器具等	重慶市	1971	非関連
	141. 山東晨鳴紙業集団股份有限公司	印刷・同関連業	山東省寿光市	1993	主力
	147. 維維集団股份有限公司	食料品	江蘇省徐州市	1992	主力
	161. 紅豆集団有限公司	衣服	江蘇省無錫市	1984	非関連
	168. 青島澳柯瑪集団総公司	電気機械器具等	山東省	1989	関連
	170. 深圳市賽格集団有限公	電気機械器具等	広東省	1986	主力

類型		企業名	所属産業	立地	設立年	多角化
		司				
	183.	杉杉投資控股有限公司	衣服	江蘇省昆山市	1989	非関連
	185.	深圳開発科技股份有限公司	電気機械器具等	広東省	1985	関連

注：電気機械器具・情報通信機械器具・電子部品・デバイス産業を「電気機械器具等」産業と略称し，衣服・その他の繊維製品産業を「衣服」産業と略称した。
出所：筆者作成。

図表4-7 ◆ 中国大企業の類型（第Ⅱ類型）

類型		企業名	所属産業	立地	設立年	多角化
第Ⅱ類型（37社）	1.	上海宝鋼集団公司	鉄鋼	上海市	1998	主力
	2.	中国第一汽車集団公司	輸送用機械器具	吉林省長春市	1953	主力
	4.	上海汽車工業（集団）総公司	輸送用機械器具	上海市	1978	主力
	5.	東風汽車公司	輸送用機械器具	湖北省十堰市	1969	主力
	10.	鞍山鋼鉄集団公司	鉄鋼・非鉄金属	遼寧省	1948	主力
	11.	首鋼総公司	鉄鋼・非鉄金属	北京市	1919	主力
	16.	京東方科技集団股份有限公司	電気機械器具等	北京市	1993	関連
	35.	熊猫電子集団有限公司	電気機械器具等	江蘇省南京市	1936	関連
	36.	南京鋼鉄集団有限公司	鉄鋼・非鉄金属	江蘇省南京市	1958	主力
	39.	海信集団有限公司	電気機械器具等	山東省青島市	1969	関連
	53.	杭州鋼鉄集団公司	鉄鋼・非鉄金属	杭州市	1957	主力
	55.	広州鋼鉄企業集団有限公司	鉄鋼・非鉄金属	広東省広州市	1958	主力
	56.	中興通訊股份有限公司	電気機械器具等	広東省広州市	1985	主力
	58.	万向集団公司	電気機械器具等	浙江省杭州市	1969	主力
	61.	春蘭（集団）公司	電気機械器具等	江蘇省泰州市	1986	主力
	68.	徐州工程機械集団有限公司	一般機械器具	江蘇省徐州市	1989	主力
	69.	江西銅業集団公司	鉄鋼・非鉄金属	江西省	1979	主力
	70.	華僑城集団公司	コングロマリット	広東省深圳市	1985	非関連
	74.	江蘇悦達集団有限公司	輸送用機械器具	江蘇省	1976	主力
	82.	四川長虹電子集団有限公司	電気機械器具等	四川省	1958	関連
	83.	珠海格力電器股份有限公司	電気機械器具等	広東省	1991	関連

類型	企業名	所属産業	立地	設立年	多角化
	98. 湘火炬汽車集団股份有限公司	輸送用機械器具	湖南省株洲市	1961	単一
	105. 広州医薬集団有限公司	化学工業	広東省広州市	1951	関連
	111. 安徽江淮汽車集団有限公司	輸送用機械器具	安徽省	1964	主力
	112. 江蘇陽光集団有限公司	衣服	江蘇省	1986	主力
	129. 江鈴汽車集団公司	輸送用機械器具	江西省南昌市	1968	主力
	137. 大連大顕集団有限公司	電気機械器具等	遼寧省大連市	1995	関連
	142. 新興鋳管股份有限公司	鉄鋼・非鉄金属	河北省武安市	1971	主力
	143. 内蒙古伊利実業集団股份有限公司	食料品	内蒙古	1992	主力
	144. 青島啤酒股份有限公司	食料品	山東省青島市	1903	単一
	150. 大連氷山集団有限公司	一般機械器具	遼寧省大連	1930	非関連
	153. 清華同方股份有限公司	電気機械器具等	北京市	1997	関連
	163. 華北製薬集団有限責任公司	化学工業	河北省石家庄	1953	関連
	166. 哈薬集団有限公司	化学工業	黒竜江省	1987	主力
	177. 太極集団有限公司	化学工業	重慶市	1992	関連
	178. 上海振華港口機械（集団）股份有限公司	一般機械器具	上海市	1988	主力
	189. 双星集団有限責任公司	なめし革等	山東省青島市	1921	非関連

注：電気機械器具・情報通信機械器具・電子部品・デバイス産業を「電気機械器具等」産業と略称し，衣服・その他の繊維製品産業を「衣服」産業と略称した。
出所：筆者作成。

図表4-8 ◆中国大企業の類型（第Ⅲ類型）

類型	企業名	所属産業	立地	設立年	多角化
第Ⅲ類型（10社）	28. 邯鄲鋼鉄集団有限責任公司	鉄鋼・非鉄金属	河北省邯鄲市	1958	主力
	30. 唐山鋼鉄集団有限責任公司	鉄鋼・非鉄金属	河北省唐山市	1943	主力
	31. 莱蕪鋼鉄集団有限公司	鉄鋼・非鉄金属	山東省莱蕪市	1970	主力
	37. 馬鋼（集団）控股有限	鉄鋼・非鉄金属	安徽省	1952	主力
	38. 済南鋼鉄集団総公司	鉄鋼・非鉄金属	山東省済南市	1958	主力
	42. 湖南華菱鋼鉄集団有限責任公司	鉄鋼・非鉄金属	湖南省	1997	主力

第4章　中国大企業のケース分析　93

類型	企業名	所属産業	立地	設立年	多角化
	54. 包頭鋼鉄（集団）有限責任公司	鉄鋼・非鉄金属	内蒙古自治区	1954	主力
	149. 雲南銅業（集団）有限公司	鉄鋼・非鉄金属	雲南省	1958	主力
	162. 新疆八一鋼鉄集団有限責任公司	鉄鋼・非鉄金属	新疆	1951	主力
	190. 光明乳業股份有限公司	食料品	上海市	1911	主力

注：電気機械器具・情報通信機械器具・電子部品・デバイス産業を「電気機械器具等」産業と略称し，衣服・その他の繊維製品産業を「衣服」産業と略称した。
出所：筆者作成。

3.3　第Ⅰ類型，第Ⅱ類型，第Ⅲ類型に対する分析

　図表4-3，図表4-4，図表4-5，図表4-6，図表4-7，図表4-8に基づいて各類型について分析を行う。

(1)　第Ⅰ類型の大企業
① 第Ⅰ類型の所有形態と設立年
　第Ⅰ類型は，四川省宜賓五糧液集団有限公司（五糧液という著名なブランドの白酒で知られる）と華立控股股份有限公司の2社を除いて，すべて1978年以降設立された民営企業である。中国において，1978年は計画経済から市場経済に変わり，いわゆる移行経済に入った年であった。
　四川省宜賓五糧液集団有限公司は特殊なケースである。黄酒の紹興酒はかつて同一のブランドで複数の醸造所が製造していたが，それぞれの醸造所が個別のブランドを持ち始めた。同様に地方の白酒メーカーも個別のブランドとして独立したのに対して，五糧液の場合は複数の蒸留所が合同して一企業となったケースである。同社が1978年以前に設立されたが，明朝からの長い歴史を有している白酒の手作業の工房から始まったため，最初

から中国政府によって大規模に作られたのではなく，競争状態から事業を始めた。華立控股股份有限公司も同じく手作業の工房から事業が始まり，医薬品を主力事業にし，電気計器や石油化学，不動産，農業等非関連の分野に多角化して成長してきた民営企業である。

② 第Ⅰ類型の所属産業

第Ⅰ類型の企業は，電気機械器具・情報通信機械器具・電子部品・デバイス産業に所属する企業が8社で一番多く，繊維工業産業に3社が所属し，食料品産業と衣服・その他の繊維製品産業に各2社が所属する。他に，食料品産業，繊維工業産業と印刷・同関連業産業に各1社が所属する。中国の中央政策によって消費財関係の軽工業は計画経済時期に軽視された経緯があるため，市場経済移行後に企業化され，企業は市場経済に入った後に設立され，競争の下で成長していった。

③ 第Ⅰ類型の立地

上述した四川省宜賓五糧液集団有限公司と華立控股股份有限公司の2社を除いて，図表4-1と図表4-2で示すように，他の企業16社はすべて東部地域，いわゆる沿岸部に集中している。四川省宜賓五糧液集団有限公司と華立控股股份有限公司の2社は上述の歴史的経緯から，中部地域の四川省にあるが，他の企業は経済が一番発達している沿岸地域である山東省，江蘇省，上海市，浙江省と広東省に密集している。このことから，第Ⅰ類型の企業は立地自体が経営資源であり，中央政府の優遇政策の恩恵を受けて成長を遂げたと解釈できる。

④ 第Ⅰ類型の製品多角化と地域的拡張

第Ⅰ類型の企業は，Chandler（1990）が指摘している地域的拡張と製

品多角化を行っている。海螺集団公司，華立控股股份有限公司をはじめ，すべての企業が国際化している。製品多角化については，18社のうち，6社は関連分野へ多角化し，5社は非関連分野へ多角化している。関連製品戦略をとった6社はすべて電気機械器具・情報通信機械器具・電子部品・デバイス産業と繊維工業産業に属し，電気機械器具・情報通信機械器具・電子部品・デバイス産業と繊維工業産業は産業特性上関連分野への多角化が繰り返されている産業でもある。

残りの7社は主力事業に重点を置きながら非関連分野へと進出しているケースが多い。例えば，四川省宜賓五糧液集団有限公司は白酒（五糧液）を主力事業とし，飲料，医薬製品，電子製品，紡績等の非関連分野にも進出する戦略をとっている。

⑤ 第Ⅰ類型の最高経営者の経歴

中国企業の最高経営者の経歴を見ると，経営者になるには3つのパターン，すなわち内部昇進，官僚の天下り，創業者がある。全体的な傾向としては内部昇進者が最高経営者になることが多く，工場で平社員としてスタートし，各部門に移動して科長，工場長等の中間管理職を経て最終的には最高経営者として抜擢される，平社員から最高経営者になるケースは多い。しかし，第Ⅰ類型に入っている企業は外部，つまり中国の政府部門の元官僚をトップ経営者として獲得してきたケースも存在する。例えば，華立控股股份有限公司の経営者汪氏は元は浙江省民政庁の官僚であり，青島澳柯瑪集団総公司の経営者李氏は元は青島市税務局の官僚であり，深圳市賽格集団有限公司の経営者孫氏は元は国家物資部の官僚であった。

なお，第Ⅰ類型の最高経営者には，第Ⅱ類型と第Ⅲ類型に見られない例外がある。杉杉投資控股有限公司の最高経営者胡氏は元はP&Gの中間管理者であったが，胡氏の能力が評判となり杉杉投資控股有限公司の経営者

としてスカウトされた。これは，第Ⅰ類型の企業は競争を通して規模を拡大していった企業であるため，競争のために能力重視の一面があるといえる。

(2) 第Ⅱ類型の大企業

第Ⅱ類型の企業は，計画経済の中で大規模に設立された国有企業であり，改革開放後に競争に積極的に参入して経営資源を更新して規模をさらに拡大していった企業である。

① 第Ⅱ類型の所有形態と設立年

第Ⅱ類型の企業は最初から大規模な国有企業として創設された企業が多く，その後民営企業に転換した企業が3社あり，残りの34社は現在も国有である。とはいえ34社には純粋な国有企業は少なく，株式市場に上場し徐々に民営化してきた企業が多い。所有形態について特殊な例として青島啤酒股份有限公司と大連氷山集団有限公司の2社がある。

青島啤酒股份有限公司（日本語訳：青島ビール）は，中国東部（沿岸部）に位置する山東省青島市にあるビールの著名メーカーである。青島は清末にドイツの租借地だったため，青島啤酒股份有限公司の前身は，1903年にドイツとイギリス商人が合資で創設した「ゲルマン啤酒公司青島股份公司」であった。中国が建国された後，「国営青島啤酒廠（日本語訳：国営青島ビール工場）」に改名され，中国で最も長い歴史を有しているビールメーカーである。

青島啤酒股份有限公司は主にビールを中心に製造している。郎（2004）によると，1994年‐2001年末までに，激しい競争に対応するために，合併や買収等を通して中国各地で43余の工場を持つようになった。世界のビール業界で有名な Barth Report のランキングによると，2010年に同社の

ビール生産量は世界で6番目である。

大連氷山集団有限公司も1930年に民営企業としてスタートしたが，その後国有化された歴史がある。

この2社は設立当時国有企業ではなかったが，国有化された後，中国政府から大規模な投資を受け，それを更新して自己変革を遂げて規模の拡大を達成した。

第Ⅱ類型の企業の設立年をみると，計画経済時期に設立された国有企業が多い。特殊な例としては上海宝鋼集団公司が挙げられる。上海宝鋼集団公司は1998年を設立年にしているが，それは従来の宝山鉄鋼（集団）公司に加えて，計画経済時期に設立された元の上海冶金控股（集団）公司と上海梅山（集団）有限公司を合併した年であった。

このように，第Ⅱ類型に入っている企業は，純粋な民営企業も少なく，純粋な国有企業も少ない。これは，第Ⅱ類型の企業は純粋な国有企業から緩やかに民営化する動きがあるからである。

② 第Ⅱ類型の所属産業

第Ⅱ類型の企業の中に，電気機械器具・情報通信機械器具・電子部品・デバイス産業に属する企業が11社あり，鉄鋼・非鉄金属産業に属する企業は7社であり，輸送用機械器具産業と化学工業産業に属している企業はそれぞれ7社である。他に，化学工業産業には4社，一般機械器具産業，食料品産業と衣服産業にはそれぞれ2社，その他の産業には2社が入っている。電気機械器具・情報通信機械器具・電子部品・デバイス産業に属している企業は市場経済に入った後に設立された企業が多く，市場経済移行後に国有企業として設立された。当初に確保していた経営資源を原資として，成長のために必要な資源への転化がなされ，その結果として成長した企業であるといえる。

また，鉄鋼・非鉄金属産業に所属する企業は，1998年に合併された上海宝鋼集団公司を除いてすべて計画経済時期に設立された大手国有鉄鋼企業であった。他に，輸送用機械器具産業に所属する企業はすべて計画経済時期に設立された大手自動車企業であった。

これらの企業は鉄鋼または自動車を主力事業として維持しながら設立当初に獲得した経営資源を転用して，金融等の非関連分野へ進出してきた。

③　第Ⅱ類型の立地

第Ⅰ類型とは異なり，第Ⅱ類型の企業は沿岸部ばかりではなく，中部地域・東北地域にも分布している。これは，特に鉄鋼・非鉄金属産業，輸送用機械器具産業にある企業が計画経済時期に国有企業として各地域に計画的に作られた歴史経緯があったためである。

④　第Ⅱ類型の多角化と地域的拡張

第Ⅱ類型は地域拡張と製品多角化を行ってきた。上海宝鋼集団公司と青島啤酒股份有限公司をはじめ，ほとんどの企業は国内における地域拡張と国際化をしている。製品多角化に関しては，鉄鋼産業に属する企業はすべて主力事業戦略をとっているのに対して，電気機械器具・情報通信機械器具・電子部品・デバイス産業の4社と化学工業産業の3社は関連事業戦略をとってきた。上述の大連氷山集団有限公司とコングロマリット企業の華僑城集団公司，なめし革・同製品・毛皮産業の双星集団有限責任公司は非関連事業戦略をとってきた。青島啤酒股份有限公司を除いた他の18社は主力事業戦略をとっているが，積極的に非関連分野へ進出する動きが著しい。

多角化に関しても青島啤酒股份有限公司は特殊であり，同社は一貫して単一事業戦略をとってきた。王氏によると，青島啤酒股份有限公司は不動産分野にかつて進出したことがあったが，上手くいかず，その後青島ビー

ルだけを製造・販売するようにした。国際化に関しては，同社は輸出をメインに国際化を行っている[29]。

多角化に関しては，第Ⅱ類型の大企業は第Ⅰ類型の大企業より多角化の程度は低いが，電気機械器具・情報通信機械器具・電子部品・デバイス産業や化学工業産業に所属する企業はある程度多角化が進んでいる。

結論としては，第Ⅱ類型の企業は青島啤酒股份有限公司のように，設立当初に集積された経営資源を転化していくことで規模の一層の拡大を実現した企業群であるといえる。

⑤ 第Ⅱ類型の最高経営者の経歴

第Ⅱ類型の最高経営者には内部昇進のパターンが多いが，途中から外部，つまり中央政府または地方政府の元官僚を獲得してきたケースも多い。政府の元官僚を最高経営者に任用することで外部から人的資源を獲得することができた。

(3) 第Ⅲ類型の大企業

第Ⅲ類型の企業は，計画経済期に大規模に設立された国有企業であり，競争環境に積極的に対応しようとしていない企業である。

① 第Ⅲ類型の所有形態と設立年

第Ⅲ類型の企業はすべて国有企業である。湖南華菱鋼鉄集団有限責任公司以外は，すべて計画経済時期に設立された企業である。ただし，湖南華菱鋼鉄集団有限責任公司は1997年11月に湖南省人民政府の許可の下で，湖南省の3大鉄鋼企業である，元の湘潭鋼鉄集団有限公司，元の漣源鋼鉄集団有限公司と元の衡陽鋼管廠が合併した企業である。

第Ⅲ類型の企業は最初から国有企業として大規模に設立され，現在も国

有企業である。

② 第Ⅲ類型の所属産業と立地

　第Ⅲ類型に入る企業は全部で10社であり，その中に鉄鋼・非鉄金属産業に属する企業は9社で全体の90％を占めている。その他，1社は食品産業であった。

　立地については，第Ⅰ類型及び第Ⅱ類型とは異なり，第Ⅲ類型に入っている企業は沿岸部にある企業が少なく，中部地域と東北地域に位置している，いわゆる内陸部にある企業が多い。

③ 第Ⅲ類型の製品多角化と地域的拡張

　製品多角化に関しては，第Ⅲ類型に入っている企業は単一事業戦略または主力事業戦略をとっているが，これらの国有企業は製品多角化を積極的に行っていない。

　また，第Ⅲ類型の企業は積極的に国際化を行う企業が少なく，国際化を行った企業の中でも輸出だけに留まった。

④ 第Ⅲ類型の最高経営者の経歴

　第Ⅲ類型の企業の最高経営者は全員が内部昇進であった。さらに，最高経営者の賄賂や買春等による不祥事が続いており，雲南銅業（集団）有限公司の元代表取締役は一連の不祥事で退職を強いられ，死刑に至った事例がある。他に，光明乳業股份有限公司の元最高経営者は2012年に一連の不祥事で死刑になったケースは中国では著名である。

(4) まとめ

　上述したように，中国大手製造業を3類型に分類し分析を行った。その

結果，3類型に大きな違いが見られ，次のようにまとめることができる。

　所有については，第Ⅰ類型は特殊なケースを除けばすべて移行経済に入った後に設立された民営企業であり，第Ⅱ類型は純粋な国有企業は少なく，国有企業から徐々に民営企業に移行している傾向があることが明らかになった。また，第Ⅲ類型は計画経済時期に設立された国有企業であり，現在も国有企業である。

　所属産業については，第Ⅰ類型は電気機械器具・情報通信機械器具・電子部品・デバイス産業，繊維工業産業，輸送用機械器具産業に企業数が多く，特定の産業に集中する傾向は見られない。第Ⅱ類型は，第Ⅰ類型よりは電気機械器具・情報通信機械器具・電子部品・デバイス産業，化学工業産業，鉄鋼・非鉄金属産業，輸送用機械器具産業により集中する傾向が見られるが，極端に特定の産業に集中する傾向は見られなかった。これに対して，第Ⅰ類型と第Ⅱ類型に対比して，第Ⅲ類型は鉄鋼・非鉄金属産業に極めて集中している。

　立地については，第Ⅰ類型は特殊なケースを除けばすべて中国の東部地域，いわゆる沿岸部にあり，中国政府の優遇政策を受けて立地上のメリットを活用したといえる。また，第Ⅰ類型と異なって第Ⅲ類型は中部地域と東北地域に計画的に設立された企業が多い。第Ⅱ類型は東部地域にある企業が多いものの，中部地域と東北地域に位置している企業も存在している。

　多角化については，第Ⅰ類型の企業は積極的に多角化する傾向があり，第Ⅲ類型は多角化する傾向は見られてない。ここで，その中間段階にあるのは第Ⅱ類型で，多角化する傾向があるものの，第Ⅰ類型のようにその傾向が顕著に見られていない。

　地域的拡張については，第Ⅰ類型の企業は積極的に国内における地域的拡張と国際化を繰り返した。第Ⅱ類型の企業は第Ⅰ類型の企業と同じく，積極的に国内における拡張と国際化を行ってきた。第Ⅲ類型の企業は，積

極的に地域拡張する企業は少なく，国際化に関しても輸出にとどまるなど防衛的傾向がみられる。

最高経営者の経歴については，中国企業の最高経営者になるのは，内部昇進者，官僚の天下り，創業者の３つのパターンがみられる。全般的に内部昇進者のパターンが多いが，第Ⅰ類型では創業者と元官僚が最高経営者になるパターンが多い。第Ⅱ類型では内部昇進者と元官僚が最高経営者になるパターンが多いが，第Ⅲ類型は全社とも内部昇進者が最高経営者になるパターンである。

また，第Ⅰ類型は移行経済に入った後に設立された民営企業であり，中国の東部地域に立地し積極的に多角化する動きがある。第Ⅱ類型は，もともと国有企業であったことが多く，徐々に民営化し多角化をする動きもある。これらは，最初から大規模に設立されたことによって，当初より豊富に保有していた経営資源を利用して別の経営資源に転化することができた企業である。第Ⅲ類型は，従来国有企業であり，鉄鋼・非鉄金属産業に集中して計画経済時期に各地域に計画的に作られた企業であり，多角化に向けた行動は乏しい。

以上の諸点から，第Ⅰ類型は競争の中で成長した企業であるため，第Ⅱ類型と第Ⅲ類型の企業に比して，より環境適応能力が高いという仮説を導くことができる。

つまり，第Ⅰ類型・第Ⅱ類型は第Ⅲ類型よりパフォーマンスがよいという仮説を立てることができる。以下，なぜ第Ⅲ類型の大企業が存在しているのか，その行動の特徴を解析するため，仮説の検証を行う。

3.4　中国大企業の各類型のパフォーマンス

中国大企業に３類型が存在することを示したが，この節ではそれぞれの

類型についての業績を比較する。これまでの議論に基づいて，第Ⅲ類型が成長プロセスを経験していない企業であると捉え，それがどのような特徴を持つかについて解析を行う。まず，第Ⅲ類型の特徴を解析するために，中国では，どの類型のパフォーマンスが一番よいのか，すなわち移行経済の中国における成功モデルを検証する。そこで，各類型にある大企業の2002年度，2004年度，2009年度，2010年度，2011年度のパフォーマンス（ROS）を図表4-9，図表4-10，図表4-11にまとめた。各類型の大企業の設立時からの時系列のデータは入手できないために，利用可能なデータがある2002年から比較を行った。

図表4-9 ◆中国大企業の各類型のパフォーマンス（第Ⅰ類型）

類型	企業名	ROS 2002	ROS 2004	ROS 2009	ROS 2010	ROS 2011
第Ⅰ類型（18社）	海壐集団公司	0.03	0.02	0.03	0.03	0.04
	中国華源集団有限公司	0.02	0.01	-	0	0.00
	上海広電（集団）有限公司	0.02	0.02	0.10	0.29	0.16
	中国国際海運集装箱（集団）股份有限公司	0.05	0.09	0.05	0.06	0.06
	雅戈壐集団股份有限公司	0.16	0.13	0.27	0.18	0.15
	四川省宜賓五糧液集団有限公司	0.11	0.13	0.29	0.29	0.30
	深圳華強集団有限公司	0.10	0.02	0.09	0.65	0.07
	江蘇三房巷集団有限公司	0.06	0.08	0.03	0.05	0.02
	寧波波導股份有限公司	0.03	0.02	0.01	0.04	0.10
	南山集団公司	0.11	0.11	0.10	0.09	0.08
	華立控股股份有限公司	0.04	0.05	-0.04	-0.14	0.01
	山東晨鳴紙業集団股份有限公司	0.09	0.07	0.06	0.07	0.03
	維維集団股份有限公司	0.07	0.04	0.08	0.03	0.03

類型	企業名	ROS 2002	ROS 2004	ROS 2009	ROS 2010	ROS 2011
	紅豆集団有限公司	0.10	0.09	0.02	0.03	0.02
	青島澳柯瑪集団総公司	0.02	0.01	0.02	0.02	0.01
	深圳市賽格集団有限公司	0.05	0.04	-1.08	0.59	0.16
	杉杉投資控股有限公司	0.10	0.09	0.04	0.04	0.05
	深圳開発科技股份有限公司	0.01	0.03	0.02	0.02	0.01
平均値		0.065	0.058	0.073	0.13	0.072

出所:各企業の「上市公司財務報表」に基づいて筆者作成。

図表4-10◆中国大企業の各類型のパフォーマンス(第Ⅱ類型)

類型	企業名	ROS 2002	ROS 2004	ROS 2009	ROS 2010	ROS 2011
第Ⅱ類型(37社)	上海宝鋼集団公司	0.13	0.16	0.04	0.06	0.03
	中国第一汽車集団公司	0.05	0.03	0.04	0.05	0.01
	上海汽車工業(集団)総公司	0.22	0.26	0.04	0.04	0.05
	東風汽車公司	0.09	0.08	0.02	0.03	0.02
	鞍山鋼鉄集団公司	0.06	0.08	0.01	0.02	-0.02
	首鋼総公司	0.05	0.05	0.02	0.01	0.00
	京東方科技集団股份有限公司	0.02	0.017	0.00	0.00	0.00
	熊猫電子集団有限公司	0.07	0.08	0.01	0.01	0.05
	南京鋼鉄集団有限公司	0.05	0.05	0.01	0.03	0.01
	海信集団有限公司	0.01	0.008	0.03	0.04	0.07
	杭州鋼鉄集団公司	0.05	0.07	-	-	-
	広州鋼鉄企業集団有限公司	0.02	0.02	0.01	-0.02	-0.11
	中興通訊股份有限公司	0.05	0.04	0.04	0.05	0.02
	万向集団公司	0.08	0.06	0.05	0.05	0.06
	春蘭(集団)公司	0.07	0.00	0.02	-0.32	0.02

第4章 中国大企業のケース分析 *105*

類型	企業名	ROS 2002	ROS 2004	ROS 2009	ROS 2010	ROS 2011
	徐州工程機械集団有限公司	0.05	0.02	0.08	0.12	0.10
	華僑城集団公司	0.46	0.60	0.16	0.18	0.18
	江西銅業集団公司	0.05	0.11	0.05	0.06	0.06
	江蘇悦達集団有限公司	-0.12	0.04	0.21	0.34	0.39
	四川長虹電子集団有限公司	0.01	-0.32	0.00	0.01	0.01
	珠海格力電器股份有限公司	0.04	0.03	0.07	0.07	0.06
	安徽江淮汽車集団有限公司	0.04	0.04	0.02	0.04	0.02
	江蘇陽光集団有限公司	0.15	0.03	0.04	0.02	0.00
	広州医薬集団有限公司	0.03	0.01	0.05	0.06	0.05
	湘火炬汽車集団股份有限公司	0.03	0.02	-	-	-
	江鈴汽車集団公司	0.07	0.07	0.10	0.11	0.11
	大連大顕集団有限公司	0.13	0.09	0.01	-0.28	0.03
	新興鋳管股份有限公司	0.12	0.07	0.03	0.04	0.03
	内蒙古伊利実業集団股份有限公司	0.04	0.03	0.03	0.03	0.05
	青島啤酒股份有限公司	0.03	0.03	0.07	0.08	0.08
	大連氷山集団有限公司	0.04	0.02	1.02	0.73	-0.08
	清華同方股份有限公司	0.03	0.01	0.02	0.03	0.03
	華北製薬集団有限責任公司	0.04	0.01	-0.08	0.02	0.01
	哈薬集団有限公司	0.05	0.04	0.09	0.09	0.09
	太極集団有限公司	0.02	0.02	0.01	-0.03	0.00
	上海振華港口機械（集団）股份有限公司	0.04	0.06	0.03	-0.04	0.00
	双星集団有限責任公司	0.04	0.02	0.06	0.01	0.01
平均値		0.065	0.056	0.065	0.047	0.039

出所：各企業の「上市公司財務報表」に基づいて筆者作成。

図表4-11◆中国大企業の各類型のパフォーマンス（第Ⅲ類型）

類型	企業名	ROS 2002	ROS 2004	ROS 2009	ROS 2010	ROS 2011
第Ⅲ類型（10社）	邯鄲鋼鉄集団有限責任公司	0.07	0.05	-	-	-
	唐山鋼鉄集団有限責任公司	0.06	0.06	0.01	0.01	0.01
	莱蕪鋼鉄集団有限公司	0.06	0.04	-	-	-
	馬鋼（集団）控股有限公司	0.04	0.13	0.01	0.02	0.00
	済南鋼鉄集団総公司	0.06	0.04	0.00	0.00	0.00
	湖南華菱鋼鉄集団有限責任公司	0.05	0.04	0.00	-0.04	0.00
	包頭鋼鉄（集団）有限責任公司	0.05	0.05	-0.05	0.00	0.01
	雲南銅業（集団）有限公司	0.02	0.03	0.02	0.01	0.02
	新疆八一鋼鉄集団有限責任公司	0.05	0.07	0.01	0.02	0.02
	光明乳業股份有限公司	0.05	0.05	0.02	0.02	0.02
平均値		0.051	0.056	0.002	0.004	0.008

出所：各企業の「上市公司財務報表」に基づいて筆者作成。

(1) 第Ⅰ類型の製品系列とパフォーマンス

　第Ⅰ類型の企業は，設立当時単一製品を製造していたが，徐々に製品多角化をして2010年になると関連分野や非関連分野に進出するようになった。

　第Ⅰ類型のパフォーマンスについては，華立控股股份有限公司以外に，マイナスになる企業がなく，高業績の企業が多いが，華立控股股份有限公司のパフォーマンスを時系列にみると，次の**図表4-12**のようになる。

図表4-12◆華立控股股份有限公司の各年度のパフォーマンス

年度	2002年	2004年	2009年	2010年	2011年
ROS	0.04	0.05	-0.04	-0.14	0.01

出所：華立控股股份有限公司の有価証券報告書に基づいて筆者作成。

同社は，2009年グループから華方医薬公司を分離した際に業績が低下したが，2011年には回復している。

電気機械器具・情報通信機械器具・電子部品・デバイス産業にある上海広電（集団）有限公司は2004年の0.02（ROS）から2010年の0.29に上がり，繊維工業産業の雅戈爾集団股份有限公司は0.13（ROS）から0.18に上がり，食料品産業である白酒ブランドで著名な四川省宜賓五糧液集団有限公司は0.13（ROS）から0.29（ROS）に上がった。その他にも，電気機械器具・情報通信機械器具・電子部品・デバイス産業の深圳市賽格集団有限公司は0.04（ROS）から0.59（ROS）に，電気機械器具・情報通信機械器具・電子部品・デバイス産業の深圳華強集団有限公司は0.02（ROS）から0.65（ROS）にパフォーマンスが急上昇した。

図表4-9，図表4-10，図表4-11の平均値をみると，第Ⅰ類型の企業は第Ⅱ類型，第Ⅲ類型より高いパフォーマンスを示している。

(2) 第Ⅱ類型の製品系列とパフォーマンス

第Ⅱ類型の企業は鉄鋼・非鉄金属産業と輸送用機械器具産業にある国有企業が多い。これらの企業は鉄鋼・自動車を主力事業として維持しながら当初に保有していた経営資源を利用して不動産，金融等の非関連分野へ進出した。製品についても，単一製品の製造から関連分野もしくは非関連分野に進出して製品の種類は増えてきた。

第Ⅱ類型の企業のパフォーマンスは全体的に見て，第Ⅰ類型の企業より低い。杭州鋼鉄集団公司は合併され，広州鋼鉄企業集団有限公司，春蘭（集団）公司，大連大顕集団有限公司は2010年にマイナスに転じた例もある。さらに春蘭（集団）公司は2010年度のパフォーマンスは非常に低く，-0.32であったが，2009年度は0.02（ROS）で，2011年度も0.02（ROS）であり，マイナスが続いているわけではない。また，大連大顕集団有限公

司も春蘭（集団）公司と同じように2009年度は0.01（ROS）で2011年度は0.03（ROS）であるため，2010年度の業績が特別に悪かったといえる。

　以上のデータと記述に基づくと，特殊なケースを除けば，第Ⅱ類型は大企業として設立され，多くの経営資源を保有していたことから，それを利用して別の経営資源に転化した企業が多いと言える。

(3)　第Ⅲ類型の製品系列とパフォーマンス

　第Ⅲ類型のパフォーマンスは全体的に低く，第Ⅰ類型と第Ⅱ類型の企業より業績が低い傾向がある。10社のうち，2社は2009年に合併され，3社のパフォーマンスが0（ROS）に転じたことがあり，2社はマイナスに転じたことがある。湖南華菱鋼鉄集団有限責任公司は，2009年に0であったが2010年にはマイナスになり，2011年も0であった。また，2010年度のパフォーマンスが0であった済南鋼鉄集団総公司もその前後の年にすべて0であり，2010年は0（ROS）であったもう1社の包頭鋼鉄（集団）有限責任公司も，2009年度には-0.05であった。

　これらをまとめると第Ⅰ類型，第Ⅱ類型に対して，第Ⅲ類型の全体のパフォーマンスは低い。このことから第Ⅰ類型・第Ⅱ類型の企業が第Ⅲ類型の企業よりも高いパフォーマンスであるという仮説は支持されている。また，第Ⅰ類型は第Ⅱ類型よりもパフォーマンスがよい傾向がある。

　図表4-9，図表4-10，図表4-11の平均値をまとめると次の**図表4-13**で示しているように，第Ⅰ類型の企業は第Ⅱ類型，第Ⅲ類型より高いパフォーマンスを示している。また，第Ⅱ類型の企業は第Ⅲ類型の企業より高いパフォーマンスを示している。

図表4-13◆各類型のパフォーマンスの平均値

類型＼平均値	ROS 2002	ROS 2004	ROS 2009	ROS 2010	ROS 2011
第Ⅰ類型	0.065	0.058	0.073	0.13	0.072
第Ⅱ類型	0.065	0.056	0.065	0.047	0.039
第Ⅲ類型	0.051	0.056	0.002	0.004	0.008

出所：図表4-9，図表4-10，図表4-11に基づいて筆者作成。

4 考　察

　第4節では，第Ⅲ類型は，第Ⅰ類型および第Ⅱ類型より低いパフォーマンスを示す結果となった。本節では，なぜパフォーマンスが悪いのに第Ⅲ類型の企業が存在しているのか，第Ⅲ類型がどのような特徴を持つか，また，なぜ第Ⅲ類型の企業が資源の転換を行わなかったのかについて考察し，さらに各類型の事例を挙げて比較分析を行う。

4.1　第Ⅲ類型に対する考察

　第Ⅰ類型の企業は前述したように，特殊なケースを除いて全部1978年以降に設立された民営企業である。沿岸部に設立されることが多く，立地という優位になる資源を利用し，中国政府の優遇政策を利用し積極的に製品多角化と国際化を行い，技術等の資源を獲得するために，戦略的提携やM&A，垂直統合をしてきた。また，最高経営者の経歴をみると，有能な人材を登用可能であった。第Ⅰ類型の企業は，これまで戦略論で議論された企業と同じく，競争の中で成長をしてきたことが明確になった。

第Ⅱ類型の企業も最初から大規模に設立されたものの，改革開放以降に，保持していた経営資源を用いて，成長をしていったのに対して，第Ⅲ類型の企業は最初から大規模に設立されたが，競争環境に積極的に対応しようとしていない。なぜ第Ⅲ類型の企業は存在するのか，さらになぜ第Ⅲ類型の企業が資源の転換を行わなかったのかについて，第Ⅱ類型の企業と第Ⅲ類型の企業を比較しながらその原因と第Ⅲ類型の特徴を考察する。

　上述の図表4-1～10と付表2に基づいて以下の要因に分けて考察を行う。

1．中央政府レベルの政策の支援で競争環境に適応し，経営資源を転換しようとするインセンティブがない

　第Ⅲ類型の企業は全部で10社であり，ほとんど大手鉄鋼企業である。図表4-1と図表4-2をみると，各企業は内陸の各地に位置していることが多い。その理由としては，中国中央政府の政策に基づいて，計画経済の時期に各地域に計画的に設立されたからである。各地域に1社ずつ設立されたため，地域独占がなされ，それが長く維持された。

　しかし，第Ⅱ類型の大手鉄鋼企業は吸収合併等による外部成長も積極的に行ってきた。第Ⅱ類型にある上海宝鋼集団公司のように，中央政府直轄の重点企業が上海市の管轄下にあった上海一鋼集団有限公司，上海五鋼集団有限公司，上海梅山鋼鉄公司などの企業を吸収合併するなど，従来の管轄権者による分類の枠組みを越えるケースが生じてきた（丸川，2000）。

　つまり，第Ⅱ類型の鉄鋼企業は積極的に持っている資源を生かして競争環境に適応してきたことが明らかになった。

　しかし，第Ⅲ類型の鉄鋼企業には上海宝鋼集団公司のような積極的な動きがなかった。第Ⅲ類型の場合は，第Ⅱ類型の動きとは逆で，大手鉄鋼企業はパフォーマンスが悪化しているため，中央政府の主導で立地が近い他

の鉄鋼企業に合併させる動きがあった。同様の事例が他にも見られる。たとえば，1997年に湖南省にある3つの鉄鋼企業が合併されて湖南華菱鉄鋼集団に再編成された。また，2008年に業績が悪くて倒産の危機に直面している邯鄲鋼鉄集団有限責任公司は，政府の主導で同じ河北省にある唐山鋼鉄集団有限責任公司と合併した。他にも，2008年に莱蕪鋼鉄集団有限公司を同じ山東省にある済南鋼鉄集団総公司と合併させ，山東鋼鉄公司が設立された。

丸川（2000）によると，日本では高炉メーカーや電炉メーカーなどの企業形態や生産品種などによる区別を主たる基準としてそれぞれ業界団体が設立されており，政府はその自主性を尊重しながらも，これに対する行政指導により間接的に企業を管理しているのに対して，中国は日本と大きく異なり，大手鉄鋼メーカーは「重点企業」として冶金工業部（国家冶金工業局）が直接管理してきた。前述したように，中国の産業政策は中央政府レベルと地方政府レベルの2段階の政策対象となっている。このため，冶金工業部が直接に管理している大手の国有鉄鋼企業は，中央政府レベルの政策によって保護され，利益が上がらなくてもその存続が保証されてきたという側面がある。

第Ⅲ類型と対照的に，第Ⅱ類型の中にも，上海宝鋼集団公司や，首鋼総公司，南京鋼鉄集団有限公司，杭州鋼鉄集団公司，広州鋼鉄企業集団有限公司等の大手鉄鋼企業が入っているが，第Ⅲ類型の鉄鋼企業とは異なり，主に地方政府に直接に管理されている。ただ，地方政府レベルの政策は中央政府レベルの政策とは異なり，積極的に産業育成する一面がある。また，モンティノーラらはハードな予算制約に直面した地方政府が地域経済の成長を追及して互いに競争し，制度環境・投資環境の整備に努めることが，中国が私有財産制の確立を伴わずに高度成長を実現できた要因であると指摘する（丸川，2000）。つまり，中央政府の管理下にある第Ⅲ類型の企業

は中央政府レベルの政策によって保護され，競争環境に適応し経営資源を積極的に転換しようとするインセンティブがなかった。他方，第Ⅱ類型の企業は地方政府に管理され，厳しい財政環境下におかれている地方政府が制定した競争を刺激する政策によって外部環境に適応し，さらに積極的に資源転換するインセンティブがあった。これが，第Ⅲ類型の大企業がなぜ存在しているのか，なぜ資源の転換を行わなかったのかの主たる理由である。

つまり，第Ⅱ類型の企業は成長のために積極的に国際化や戦略的提携，吸収合併を行って資源転換を行う動きがあるのに対して，第Ⅲ類型の大企業は業績が悪化しても政府の支援を受けてその存続を保証されてきた。したがって，積極的に競争環境に適応し，経営資源を転換しようとするインセンティブがなかった。

2．官僚制が非効率を招くことによって意思決定が保守的になり，革新を避ける傾向が生じ，また，資源を転換する能力も足りない

第Ⅱ類型の企業と第Ⅲ類型の企業は当初豊富な資金，物的資源等を有していたが，第Ⅱ類型の企業は戦略的提携やM&A等を通して積極的に外部の豊富な資源を利用して，資源の更新を行った。あるいは，上海宝鋼集団公司，京東方科技集団股份有限公司等のように特許を数多く取得し，研究開発に多額の投資をすることで技術資源を蓄積して成長を図った。しかし，第Ⅲ類型の企業には積極的に外部資源を獲得する動きも内部資源を開発して更新する動きは顕著でない。

なぜ第Ⅲ類型の企業は成長を求めないのか，あるいは成長を求めたとしても叶わなかったのか，その理由には最高経営者のインセンティブと企業の組織能力も関係していると考えられる。

各企業の最高経営者の経歴を調べたところ，第Ⅱ類型の企業は経営者の

内部昇進のパターンがあるとしても，企業経営に問題がある時に，第Ⅱ類型では外部からの経営者招聘が行われている。特に，外部，つまり中央政府または地方政府の元官僚を経営者に獲得し，中国政府との間にネットワークを作ることがなされた。また，第Ⅱ類型の企業は本社財務部や中央研究所，マーケティング部門，人事部等を持っているが，積極的に事業部制組織を採用する動きがあるため，組織能力を高めて利用することで成長していった。これは，第Ⅱ類型の企業は外部資源を獲得する能力，つまりHelfat et al.（2007）が指摘する，組織が意図的に資源ベースを創造，拡大，修正する能力，すなわちダイナミック・ケイパビリティを有していることを示唆している。

　第Ⅱ類型の企業とは異なって，第Ⅲ類型の企業には内部昇進者が企業の最高経営者になり，腐敗等の不祥事が生じない限り，経営者であり続ける。例えば，近年良く取り上げられているレント・シーキングの問題も大手国有企業には多く見られる。雲南省にある雲南銅業（集団）有限公司[30]の元経営者のように，国有資産が監督システムの不完全等で流出し，経営者の懐に入っているケースがある。雲南銅業の元経営者は賄賂や買春等の不祥事で退職に追い込まれ，死刑に至った。また，2012年光明乳業股份有限公司のトップ経営者も賄賂等の不祥事を起こし死刑となった。つまり，このような企業の場合は，企業の利害よりも自分の個人的利害を優先させる経営者の資質にも問題があるが，第Ⅱ類型のように不正を監督する組織能力と外部から経営者を獲得する能力が欠けていることも看過できない。

　また，上述したように，政府に直接に管理される第Ⅲ類型の国有大手企業は，利益をあげなくてもその存続は保証された側面がある。つまり，第Ⅲ類型の国有企業，特に大手鉄鋼企業は国有独資（100％国有である）であり，政府または国有資産委員会が企業の真の経営者であるため，企業の経営者は単なるサラリーマンである（Wang, 2006）。このため，トップ経

営者に自らの利益を追求するモチベーションはあっても，業績の向上を求めるインセンティブは欠けている。

　以下，各類型の企業行動を比較するため，まず第Ⅰ類型にある海爾集団の事例を挙げて同企業がどのように成長してきたのかを説明する。次に，鉄鋼・非鉄金属産業から，第Ⅱ類型の企業と第Ⅲ類型の企業を事例に挙げ，なぜ同じく鉄鋼・非鉄金属産業であるにもかかわらず第Ⅲ類型の企業が資源の転換を行わなかったのかを考察する。

4.2　各類型の企業事例

(1)　第Ⅰ類型の海爾集団（ハイアール：Haier Group）の事例

　海爾集団は1984年に中国東部（沿岸部）に位置する山東省青島市に冷蔵庫の工場として作られた集体所有制[31]企業であったが，徐々に民営化され，積極的にエアコンや洗濯機，テレビ，携帯，パソコンなどの関連分野へと多角化してきた。2007年末までに，海爾集団は家電関連分野を中心に，医療，化学，金融，不動産等の非関連分野にも進出した。主として，海爾集団は技術・顧客・販売チャネルの関連性に基づき，関連多角化戦略を行い，成功を収めている。

　小菅（2011）は，海爾集団は中国経済の自由化ならびにその成長・発展を象徴する企業であり，自社のブランド力を世界に広めたこと，そして冷蔵庫で世界最大の生産を誇っていることの結果として驚異的な成長力を示していると指摘している。

　海爾集団はこれまで製品多角化戦略と国際化戦略を実施してきた。海爾集団の発展には3段階に分かれる。1984年－1991年までの創業段階，1991年－1997年までの高速発展段階と1997年以来の国際化段階である。創業段階では，海爾集団は国内に冷蔵庫のブランドが未成立であるため，ブラン

ド化を目指して，製品の品質向上につとめた。早い段階でブランド名を確立したことによって，大規模化への第一歩が成功した。第2段階には海爾集団は集約型多角化戦略，いわゆる関連型多角化戦略をとって，高成長を果たした。さらに，研究開発への投資や，同業界での買収などによって，中国の最大手家電メーカーになった。近年では，中国国内で大規模化した海爾集団は第3段階の国際化段階に歩み始めている。この段階では，海爾集団は最初に規格や仕様の厳しい欧米市場に進出し，認知度を高めてから南米，中東，東南アジアなどの発展途上国に進出するというプロセスを辿っている。

　天野（2005）によれば，他の家電メーカーとは異なって，海爾集団は海外からの技術導入等による品質とブランドを重視し，青島市政府から支援策を得て国際的ブランドづくりに成功したと指摘されている。海爾集団の経営戦略の推進は3段階に分けられる。すなわち，①1984-1991年までのブランド戦略，②1992-1998年までの多角化戦略，③1998年からの国際化戦略，④グローバル・ブランド戦略である（小菅，2011；劉，2004；Geert, Jojo, Charmianne & Yu, 2009；Shan & Gu, 2009）。これに関しては，天野によれば，家電産業の輸入代替期（1986-92年）は「つくれば儲かる」という時代でもあったが，海爾集団は品質化を強化し，他社との差別化に成功したことで，中国企業による家電産業発展の牽引役となった。

　海爾集団の発展に対して，数多くの事例研究がなされている。経営戦略分野におけるこれまでの海爾集団に対する研究の視点としては，大きく2つに分けることができる。第1は，海爾集団の企業文化の核心である技術イノベーションの視点から海爾集団の成功に対する分析である（Shan & Gu, 2009；Xu et. al., 2007；小菅，2011）；第2は，海爾集団のCEOである張瑞敏氏のリーダーシップに注目した研究である（Yi & Ye, 2003；Geert, Jojo, Charmianne & Yu, 2009；Xu & Song, 2011）。

王・尹（2008）は，海爾集団の強みを，企業文化としての技術イノベーションであると指摘している。また，Xu et al.（2007）は，海爾集団が優れたイノベーションによって急成長を遂げたと指摘し，商品は160カ国に輸出されていると指摘している。さらに，Shan & Gu（2009）は，海爾集団を事例に取り上げ，成功したイノベーションがどのように国際化のプロセスをサポートしたのかについて議論している。その結果，海爾集団の国際市場における競争にはイノベーション精神はキーポイントであると結論付けている。

　海爾集団は海外からの技術導入等による品質とブランドを重視するため，イノベーションを企業文化の核心に据え，先進技術を重要な競争的経営資源として蓄えてきた。**図表 4 - 3** で示したように，海爾集団の特許取得数は2011年では1,341であり，全部では8,987にも上る。長虹等の他の家電メーカーは，中国市場の成長の波に乗って価格重視するのに対して，海爾集団は知的財産として価値があり，希少性があり，模倣困難，代替困難な技術に重点を置いて成長を遂げたのである。

　さらに，海爾集団の成長におけるもう1つの要因を見逃してはいけない。それは創業者張瑞敏氏のリーダーシップである。張氏に対するインタビューや研究は数多くなされてきた。Xu et al.（2007）は，企業家文化という概念を提唱し，企業家文化を人的資源の一種類としてみなし，見えざる資産にエスカレートさせ，最終的に企業家文化的資産を形成し，ソフトな文化として企業経営のプロセスごとに埋め込むことができると指摘している。その上で，張氏が電気と電化製品に関する専門知識を有しているほか，中国の伝統的文化にも精通しているため，彼の優れた企業家精神によって海爾（ハイアール）というブランド名は2007年に63.7兆元の価値を有するようになり，中国の電気および情報産業で1番目となったとする。

　張氏に焦点を当てて，リーダーとしてどのように海爾集団を国際的ブラ

ンドに引っ張っているのかを詳細に分析したのは Yi & Ye（2005）である。Yi & Ye（2005）は，海爾集団がどのように中小企業から国際的な大企業に成長したのかについて分析しているが，その分析の中で張氏が独特なリーダーとして伝統的な中国の価値観と彼自身の革新的なビジネスセンスを先進国のマネジメント・スタイルに取り入れたため，リーダーシップを発揮し海爾集団の成長に貢献したと指摘している。

つまり，海爾集団は技術イノベーションの重視で技術という経営資源を持っているだけでなく，同社の CEO である張瑞敏氏が企業家として海爾集団の競争的経営資源を効率的に運用するケイパビリティを有している。そのため，海爾集団は小さな工場から大企業に成長できたと考えられる。

(2) 第Ⅱ類型の上海宝鋼集団公司の事例

上海宝鋼集団公司（以下，宝鋼集団と略す）は，計画経済の末期に中央政府直轄の重点企業として中国上海市宝山区で設立され，1998年に上海市の管轄下にあった上海一鋼集団有限公司，上海五鋼集団有限公司，上海梅山鋼鉄公司などの企業を吸収合併して巨大企業となった。宝鋼集団は国務院国有資産監督管理委員会に100％所有されている国有独資企業[32]であり，中国で最大の鉄鋼企業である。2012年にフォーチュン誌のトップ500社の197番目となった。宝鋼集団は国有企業であるため，大規模な企業として設立されていたが，その後，保持していた経営資源を用いて，積極的に外部資源を獲得して成長していった。

宝鋼集団の経営資源獲得は外国同業社と戦略的提携を行うことによる技術資源の獲得であった。例として，2005年，2009年と二度にわたりスウェーデンの SKF（Svenska Kullager-Fabriken）社と技術等の面に関する戦略的提携を結んだ[33]。**図表 4 - 4** でも示しているように，宝鋼集団の特許取得数は2,953件もあり，SKF 社との戦略的提携によって技術革新に

より一層力を入れている。

　また，宝鋼集団は成長のために，国内外におけるM&Aを積極的に行い，水平結合，国内における地域的拡張と国際化を繰り返してきた。国内では，2007年に新疆にある八一鋼鉄を買収し，2009年に寧波鋼鉄公司を買収した。また，中国国内における建築ブームによる鉄鋼の需要の激増は，供給源を確保する必要性を著しく高めた。宝鋼集団は沿岸部という立地上の優位を利用して，海外から鉄鉱石を供給源として確保した。引き続いてオーストラリアの大手企業Hamersley社，ブラジルのCVRD社とジョイント・ベンチャーを作り，鉄鉱石資源を獲得した。

　中国における大手鉄鋼企業は鉄鋼と関連製品だけを生産している企業が多いが，宝鋼集団は積極的に多角化をしてきた。宝鋼集団の主要な製品は鋼鉄，スチールと特殊鋼であるが，資源開発および物流，工程技術サービス，化学，金融投資，生産サービスといった5つの非関連分野にも進出している。宝鋼集団の組織編成については情報開示されていないが，経営者の経歴を調べると，トップ経営者何氏は1982年に入社し，内部昇進という形で2012年からトップ経営者になった。しかし，第Ⅱ類型の大企業のトップ経営者は第Ⅲ類型とは異なり，内部昇進者であっても経営が不調になると交代を余儀なくされる傾向がある。

　宝鋼集団は当初国有企業として設立されたが，内陸にある鉄鋼企業のように鉱山を持っていないため，原料と燃料の調達が必要であることから外部資源の調達を積極的にしてきた。国有企業であるため，初期の資金調達や工場，設備などの資源を持っており，これらの資源を活用し，戦略的提携によって海外新技術を獲得し，M&Aによって国内における地域的拡張と供給源を確保することで成長ができた。

　また，宝鋼集団の本社では，本社スタッフが設置され，会計，監査などの専門家を備えた大規模な本社財務部が含まれていた。他の製鉄会社とは

異なり，本社には人事部やマーケティング部門や中央研究所もあり，企業戦略や人材，新製品開発の助言をする機能を有している。それらは設備・製法・製品の新規開発に関する情報を内部で体系的かつ持続的に交換することによって組織能力全体を高めた。

　宝鋼集団は最初に機能部門別組織構造を持っていたが，次第に主要製品である鋼鉄，スチールと特殊鋼の3大領域に基づいて事業部制を採用した。多角化した複数の事業部制企業は自ら進出した産業や地域内の競争を促進することになり，同時により古いより安定した産業や市場に資源を移転することができた（Chandler, 1990）ため，宝鋼集団は第Ⅲ類型，古い機能部門別組織を持つ鉄鋼企業とは異なって高い組織能力を持つことによって資源の転換ができたといえる。

(3)　第Ⅲ類型の唐山鋼鉄集団有限責任公司の事例

　唐山鋼鉄集団有限責任公司は，1943年に鉄鉱石が豊富な河北北部に作られ，河北省政府に直属する国有大企業である。鉄鋼産業は中国の重点産業の1つで，2005年に『鉄鋼産業発展政策』が中国政府から発表され，2006年に一連の政策が制定された（王，2008）。それを背景に，政府は2008年に業績の悪化による倒産の危機に直面している邯鄲鋼鉄集団有限責任公司を，同じ河北省にある唐山鋼鉄集団有限責任公司に合併させた。唐山鋼鉄集団有限責任公司は邯鋼集団公司等と合併して，新たに河北鋼鉄集団として発足した。

　ここで特筆すべきなのは，中国における鉄鋼産業の合併は，Chandler（1990）が指摘している"寡占体制の中で主要な競争企業の世紀転換期の合併運動"という動機とは異なり，宝鋼集団の場合も唐山鋼鉄集団有限責任公司の場合も，合併した企業とは競争関係ではなかったことである。つまり，両方とも政府の介入で倒産危機のある企業同士が合併に至ったので

ある。

　合併前の唐山鋼鉄集団有限責任公司は，コスト優位の戦略をとり，単一製品を中心に製造し，ほとんど技術革新に力を入れて来なかった（Zhang & Wang, 2007）。また，鉄鉱石は40％以上を海外からの輸入に頼っており，技術革新が進まず，古い技術のまま創業していたために規模の経済が実現できなかった（Zhao & Liu, 2007）。

　しかし，大手国有企業として，唐山鋼鉄集団有限責任公司が規模を拡大した理由は，豊富な鉄鉱石資源を持つこと，立地と，政府の支援政策等が挙げられる（Wang, 2006；Zhao & Liu, 2007）。

　同社がどのような経営資源を持っているのかを分析してみると，上述したように鉄鉱石資源といった物的資源，政府の支援政策と立地が挙げられる。立地に関しては，図表4-1と図表4-2で示すように，中国製造業大企業200社はほとんど東部，所謂沿岸部に集中している。沿岸部の企業は，市場経済に入った時点で政府の優遇政策を受けて特に早い成長を遂げてきた。唐山鋼鉄集団有限責任公司がある河北省も沿岸部にあり，交通も便利である。したがって，中国の内陸部に比べて，立地は唐山鋼鉄集団有限責任公司の優位性となる。

　ただ，同じ鉄鋼産業にある宝鋼集団の場合は，積極的に戦略的提携やM&Aを行って，保有していた資源を転換あるいは外部資源を獲得しようとする動きがあったのに対し，唐山鋼鉄集団有限責任公司は最高経営者が政府の任命に対応しただけの受動的経営が行われたために，積極的に戦略的提携やM&A等を行うインセンティブが欠けている。

　宝鋼集団と比較すると，唐山鋼鉄集団有限責任公司は設立当初の古い組織，つまり優秀な本社スタッフを抱えることがなく，効率が悪い官僚制組織を持っている。この点から見ると，現代的大企業である宝鋼集団より，唐山鋼鉄集団有限責任公司には資源転換するためのインセンティブも組織

能力もともに欠けていると考えられる。

このように，唐山鋼鉄集団有限責任公司は，計画経済下においては地域独占の状態にあり，規模は地域経済がその事業を必要とする量によって決まってくると考えられる。その状態が維持されているとすると，それらの企業は戦略的判断の下で事業構成を決定してきたのではなく，組織的慣性（Hannan and Freeman, 1984）によって現在の状況が生じたと考えられる。そこで，本社は競争環境に適応して資源を転換するインセンティブがなく，また競争環境に適応するために意図的に資源ベースを創造，拡大，修正する能力が欠けているため，成長できなかったと考えられる。

5 まとめ

本章では，「競争を通じた成長プロセスを経ない大企業」の抽出を行い，中国大企業の類型化を行い，各類型のプロフィールや所属産業，立地，所有形態，歴史と製品多角化を概観して，パフォーマンスや企業行動の特徴を比較した。さらに，なぜパフォーマンスが悪いのに第Ⅲ類型の大企業は存続しているのか，第Ⅲ類型の大企業はなぜ資源の転換を行わなかったのかを考察した。

第Ⅰ類型は，競争の中で成長した民営企業であり，その意味では環境適応をした結果として大規模化したといってよい。このことは，第Ⅱ類型と第Ⅲ類型よりもパフォーマンスが高いことで示されている。今後，第Ⅰ類型の企業は戦略論が予見するように選択と集中のプロセスに入っていくと考えられる。

第Ⅱ類型は，計画経済の中で大規模に設立された国有企業であり，改革開放後に競争に積極的に参入して経営資源を更新して規模をさらに拡大し

ていった企業である。第Ⅱ類型の企業は自動車産業と家電産業に属する企業が多く、蓄積された資源の転化がなされた。経営資源が転化する過程で合併によって淘汰される企業が出る可能性があるが、第Ⅱ類型の企業は第Ⅰ類型の企業のように競争の中で成長し、パフォーマンスが上がる可能性がある。

第Ⅲ類型は、計画経済期に大規模に設立された国有企業であり、競争環境に積極的に対応しようとしていない企業であり、いわば「競争を通じた成長プロセスを経ない大企業」であり、第Ⅰ類型及び第Ⅱ類型よりもパフォーマンスが低い。そのため、環境の変化に応じて今後合併や倒産する事例がよりいっそう増えると予想される。

以上の考察に基づくと、中国大企業での事例は、単に経営資源を集積しても有効でないことを示唆している。資源集積が有効な企業経営に繋がるためには、競争環境に適応し経営資源を更新する能力、および経営資源をを活用する能力が必要であることが示されている。その意味で、第Ⅲ類型の中国大企業を説明するのに有効な理論はダイナミック・ケイパビリティであり、そこでは多角化は成長する手段というよりも、資源活用のための手段であるといえる。

❖注
26　筆者が2010年11月から12月までの期間における各社のデータを収集したものである。
27　上場企業の有価証券報告書は、中国語で「上市公司財務報表」と称され、各企業のホームページや中国証券網等に公表されている。これらに基づいて財務データを収集し、その中の一部は、［中国証券報社編（2005）『2005年上市公司速査手冊』新華出版社］、を参照した。
28　上海財経大学500強企業研究中心（2008）『中国500強企業発展路径研究－500強企業報告2』上海人民出版社，pp.10を参照した。
29　2012年8月28日、青島にある青島啤酒股份有限公司の本社ビルにて副総裁の王氏に、16時から17時までインタビューを実施した。

30 これに関して数多くの記事が出ているが，本論の記述は2010年6月12日の人民網の時政チャネルの記事によるものである。
31 『中華人民共和国城鎮集体所有制条例』と『郷村集体所有制条例』によれば，集体所有制とは，財産が民衆に共同所有され，共同で労働し，労働によって成果を分配される社会主義下の経済組織である。集体所有制は城鎮集体所有制と郷村集体所有制に分けられる。しかし，集体所有制は1958年の大躍進政策の産物であり，現在は純粋な集体所有制は存在しない。
32 同社の2011年度上市公司年報によるものである。
33 同社のホームページ（http://www.baosteel.com）における2012年9月19日のニュースによるものである。

第5章
新しい企業論，戦略論の構築に向けて

第5章 新しい企業論,戦略論の構築に向けて

　本書において筆者は,まず関連する諸理論や先行研究をレビューし,これまでの戦略論は大企業になるための方策であったことを明らかにした。続いて,創業当初から規模が大きい中国大企業の存在があるために,「競争を通じた成長プロセスを経ない大企業」の存在を前提に中国大企業のダイナミクスを分析する必要があることを指摘した。さらに,最初から規模が大きいということから,どのような企業行動をしているのか,どういった経営資源を蓄積しているのかを,経営資源ベースの観点によって分析することが必要であることを指摘した。そこで,まず中国大企業のプロフィールを見るために,経営資源と大企業を問題にしてきたルメルト型の研究を実施した。さらに,「競争を通じた成長プロセスを経ない大企業」を抽出するため,中国大企業を類型化し,各類型のパフォーマンスや企業行動の特徴を比較した。

　本書では,大量の資料収集と,追加調査としてのインタビュー調査を通じて,中国企業を3類型に区分した。第Ⅰ類型は,大企業のうちで改革開放後に設立され,設立後に競争を通して規模を拡大していった企業である;第Ⅱ類型は,計画経済の中で大規模に設立された国有企業であり,改革開放後に競争に積極的に参入して経営資源を更新して規模をさらに拡大していった企業である;第Ⅲ類型は,計画経済期に大規模に設立された国有企業であり,競争環境に積極的に対応しようとしていない企業である。

　ここで,第Ⅲ類型のパフォーマンスが一番悪いという結論になった。ここにおいて,パフォーマンスが悪いにもかかわらず,なぜ第Ⅲ類型の大企業は存続しているのか,第Ⅲ類型の大企業はどのような特徴を持っているのか,さらになぜ第Ⅲ類型の企業は経営資源の転換を行わなかったのかということが問題になる。その理由として,①中央政府レベルの政策の支援で,競争環境に適応し経営資源を転換しようとするインセンティブがなかったことと,②官僚制が非効率を招くことによって意思決定が保守的に

なり，革新を避ける傾向にあることを指摘することができる。

1 総　括

　本書のまとめとして次のようなことを指摘できる。

　まず，本書は，企業の規模がどのような意味を持つかについての考察を行い，これまでひたすら規模の増大が望ましいとされてきた経営戦略論を相対化することを行っている。現在では，外部の経営資源利用が進んでいることから自社で経営資源を保有する必要は減少しており，従前のように経営資源を蓄積することが成長であり望ましい状態である，とはいえなくなってきている。このときに，大規模であることの利点がどこにあるかを再検討する必要がある。

　次に，「競争を通じた成長プロセスを経ない大企業」の存在が確認された。このような企業は計画経済下においては地域独占の状態にあり，規模は地域経済がその事業を必要とする量によって決まってくると考えられる。その状態が維持されているとすると，それらの企業は戦略的判断の下で事業構成を決定してきたのではなく，組織的慣性（Hannan and Freeman, 1984）によって現在の状況が生じたと考えられる。

　さらに，中国大企業を3類型に分けることができる。つまり，第Ⅰ類型とは，大企業のうちで改革開放後に設立され，設立後に競争を通して規模を拡大していった企業である。第Ⅱ類型とは，計画経済の中で大規模に設立された国有企業で改革開放後に競争に積極的に参入して経営資源を更新して規模をさらに拡大していった企業である。第Ⅲ類型とは計画経済期に大規模に設立された国有企業であり，競争環境に積極的に対応しようとしていない企業である。また，3類型のパフォーマンスを比較した結果，第

Ⅰ類型・第Ⅱ類型の企業は第Ⅲ類型の企業よりパフォーマンスが高い。

最後に，以上の事実に基づけば，中国大企業での事例は，単に経営資源を集積しても有効でないことが示唆されている。資源集積が有効な企業経営に至るためには，資源を活用する能力が必要であることが示され，その意味では，中国大企業を説明するのに有効な理論はダイナミック・ケイパビリティであり，多角化は規模を大きくする手段としてとらえるよりも，資源活用のための手段であるといえる。

本書を締めくくるにあたって，これまでの議論の要約を示した上で，本研究全体のインプリケーションと今後の課題を考察したい。

まず第1章では本論文の成立の背景が論じられた。大企業が成立するためには，競争の中で次第に経営資源を蓄積していくというプロセスを経て規模拡大の過程があることが前提とされてきた。これに対し，中国の大企業は，多くは計画経済下で経営資源を大規模に投入して設立された国営企業であり，競争のプロセスを経ずに大規模になった。

改革開放以降は市場経済となり，競争が始まったが，当初から大規模である企業が競争を経ずに優位を確保した場合に，競争の影響を受けているか否か，企業行動としてどのような特徴を持つかについての検討が必要となる。さらに，当初の経営資源がそのままの形で残存するのか，資源の更新がなされているかなどが確認される必要があると指摘した。

続いて第2章では先行研究の分析を行った。経営戦略論が形成された1950-60年代では戦略の実態は拡大のみが論じられていた。このために，成長のための方策の探求が戦略論の実態となる。最近の資源ベースの戦略論も，成長に向けた議論であることは共通しており，規模を拡大することに高い価値をおいている。すなわち，これまでの戦略論がいずれも規模の拡大を図るために競争上の利点を確保しようとするものであることが明らかにされた。

また，先行研究で新興国経済では多角化戦略の意味が異なっていることを指摘し，それを検討した。これに対して，中国の場合は計画経済下で設立時から大規模につくられている企業が多く，成長プロセスを経ていない企業が存在するため，先進国および新興国における企業戦略論をそのまま中国企業に適用するのは適切ではないことを主張した。

　第3章では，中国における巨大規模の企業がどのような領域で成立しているかをルメルト・モデルを用いて分析した。ルメルト型の大企業分析は各国で追試されていることから，それらの先行研究と対比しながら，中国大企業の特徴を明らかにした。すなわち，中国では巨大規模になる産業領域が他の国よりもかなり限定されており，計画経済下での特徴を引き継いだものであるといえる。

　第4章では，競争を通じた成長プロセスを経ることなく大規模になった企業を抽出し，それがどのような特徴を持つかについての分析を行っている。大企業のうちで改革開放後に設立され，設立後に競争を通して規模を拡大していった企業を第Ⅰ類型とし，計画経済の中で大規模に設立された企業で改革開放後に競争に積極的に参入して経営資源を更新して規模をさらに拡大していった企業を第Ⅱ類型とする。第Ⅲ類型は，計画経済期に大規模に設立された国有企業であり，競争環境に積極的に対応しようとしていない企業である。この第Ⅲ類型が成長プロセスを経験していない企業であると捉え，それがどのような特徴を持つかについての解析を行っている。第Ⅱ類型の企業の特徴は，既存の経営資源を用いて，それを新たな経営資源に振り替える。これに対して第Ⅲ類型の企業は，既存の経営資源を更新することはなく，企業経営としては極めて不活性であることが示された。

2 本研究の意義と今後の課題

本研究の主な貢献は以下の2点にある。

第1に，大企業論という視点が必要になってきていることを示し，現在の先進国・新興経済国における大企業の研究に新しい視座をもたらすことである。特に，既存の多角化戦略を中心とした諸理論をそのまま中国企業に適用するのではなく，①先進経済と新興経済の相違，および②経済体制の相違という2つの視点から，独自の成長理論を検討したことで，従来の理論をより精緻化させた。

第2に，中国企業の類型・特性を明らかにし，「競争を通じた成長プロセスを経ない大企業」の存在を抽出し，競争下での経営資源蓄積とは異なる資源蓄積がどのような性格を持っているかを明確にした。経営資源の集積だけでは競争下での経営はうまくいかない。つまり，集積効果や規模の経済は機能しないという点を明らかにした。

また，本研究の学術的特色・独創性として，次の2点を指摘できる。

第1に，既存研究は，中国の個別企業および個別産業を対象とした研究が多かったが，中国大企業の成立過程を，国有企業と民営企業に分けて体系的に分析して比較することは，従来にはない新しい試みである。

第2に，基礎データを入手しにくい中国で，インターネット，統計資料等から情報を結合して独自のデータベースを構築することで独自性を確保している。さらに，中国独自の社会条件（かつて計画経済であり，地域的独占がなされていた）が現在にどのように繋がっているかについての分析も独自性を持っている。

もちろん，問題点もないわけではない。具体的には，まずデータの制限からより多くの中国大企業の成立過程を分析することができていない。次に，ロシア等の旧社会主義国で移行経済期にある国の企業との対比も視野に置く必要がある上に，競争制限的な独占が許された公共企業への一般化も視野に置く必要がある。

　最後に，中国企業を説明するのに有効な理論はダイナミック・ケイパビリティであると考えられるが，いまだ仮説の域を出ておらず，具体的にどう分析するかについて解明していない。今後企業数を増やして，中国企業へのインタビュー調査や質問票調査を通じ，中国大企業の理論の精緻化を目指し，将来における調査での追加データ獲得を図りたい。

付表1　中国製造業企業上位100社のリスト(2004年度)

　この付表には，サンプルに使用された全企業がリスト・アップされている。これらの企業は，産業別順に並べられている。

　上位100社の順位は売上高による。上位100社は2004年度中国製造業企業上位500社リストより抽出した。企業名はゴシック体で示してある。

　各企業に当てはめられた戦略と組織構造のカテゴリーは，それぞれ記号で示されている。それらの記号の示す意味は，次の通りである。

戦略の記号	戦略のグループ
S	「単一事業」戦略
DV	「垂直的―主力」戦略
DC	「抑制的―主力」戦略
DL	「連鎖的―主力」戦略
DU	「非関連的―主力」戦略
RC	「抑制的―関連」戦略
RL	「連鎖的―関連」戦略
UP	「受動的―非関連」戦略
AC	「取得型コングロマリット」戦略
構造の記号	構造のグループ
F	「機能別」構造
FS	「副次部門を備えた機能別」構造
PD	「製品別事業部制」構造
G	「地域別事業部制」構造
H	「持株会社」構造

付表サンプル

《分類グループ》

会社名 主要製品	順位	売上高 (単位：元)	戦略	構造

《食料品》

会社名 主要製品	順位	売上高 (単位：元)	戦略	構造
河南省漯河市双匯実業集団有限責任公司 　食肉加工品（ソーセージ，ハム，低温肉製品）	73	1,620,000	S	F
四川省宜賓五糧液集団有限公司 　五糧液（白酒のブランド），印刷物，プラスチックおよびゴム，ワイン，電子機材，運輸，対外貿易	84	1,382,093	DU	
杭州娃哈哈集団有限公司 　ドリンク（ヨーグルト，水，炭酸飲料，お茶，ジュース），缶食品，医薬保健食品，子供服	99	1,140,727	DC	F

《煙　草》

会社名 主要製品	順位	売上高 (単位：元)	戦略	構造
玉溪紅塔煙草（集団）有限責任公司 　煙草，エネルギー，交通，金融保険，医薬および軽工業製品	26	3,361,811	DU	G
上海煙草（集団）公司 　煙草，物流，ホテル，金融保険，不動産	62	1,932,700	DU	
湖南省長沙巻煙廠 　（URLなしのため不明）	93	1,199,076		

《繊維工業》

企業名・製品				
上海紡績控股（集団）公司 　布，織物，化学繊維，衣服，工業用紡績品 　織物，その他紡績品	44	2,504,160	S	F
雅戈爾集団股份有限公司 　衣服（シャツ，スーツ，Tシャツ），不動 　産，国際貿易	80	1,394,456	DU	

《化学工業》

企業名・製品				
上海華誼（集団）公司 　基礎化学品，コークス，専用化学品，タイ 　ヤ，プラスチック製品，染料，塗料，バイ 　オ医薬品，化工設備，日用化学品	43	2,582,632	DC	PD
天津渤海化工集団公司 　原塩，ソーダ，ゴムおよびプラスチック加 　工品，有機化学品，無機化学品，重合体， 　染料および顔料，化学肥料および農薬，建 　材製品	72	1,620,000	DC	F
天津市医薬集団有限公司 　医薬関連製品（薬品および製剤，漢方薬， 　保健薬品，医療機械），情報ネット産業， 　不動産	91	1,204,240	DU	F

《石油製品・石炭製品》

企業名・製品				
大連西太平洋石油化工有限公司 　無鉛石油，ディーゼル油，燃料用石油，硫 　黄，アスファルト	57	2,111,512	S	F

《なめし革・同製品・毛皮》

江蘇森達集団有限公司 靴，衣服	88	1,364,253	S	F

《窯業・土石製品》

安徽海螺集団有限責任公司 セメント，プラスチック包装	51	2,216,343	DU	
中国建築材料集団公司 建築用材料	92	1,200,000	S	F

《鉄鋼業・非鉄金属》

上海宝鋼集団公司 鉄，鋼および加工製品	1	16,175,652	DC	H
鞍山鋼鉄集団公司 鉄，鋼および関連製品	10	6,272,637	DC	F
首鋼総公司 鋼，鉄，石炭採掘，機械，建築，不動産，海外貿易	11	6,190,000	DU	FS
中国鋁業公司 酸化アルミニウム（42.4%），一次アルミニウム（53.6%），酸化アルミニウム関連製品，一次アルミニウム関連製品	14	4,767,682	S	F
武漢鋼鉄（集団）公司 鋼，鉄および関連製品	19	4,232,189	DV	F
攀枝花鋼鉄（集団）公司 鋼，鉄，その他の金属	25	3,395,449	RC	F
邯鄲鋼鉄集団有限責任公司 鉄，鋼，石炭化学工業製品	28	3,116,577	DC	

江蘇沙鋼集団有限公司 　鉄，鋼および関連製品	29	3,112,365	DC	F
唐山鋼鉄集団有限責任公司 　鉄，鋼および関連製品	30	3,071,611	DC	F
莱蕪鋼鉄集団有限公司 　鉄，鋼，不動産，鉱山採掘，機械加工，運輸	31	3,010,277	DU	PD
太原鋼鉄（集団）有限公司 　鉄，鋼	32	2,913,867	DV	
南京鋼鉄集団有限公司 　鉄，鋼，コークスおよび副製品，建築用製品	36	2,788,062	DL	F
馬鋼（集団）控股有限公司 　鉄鉱石，鉄鉱	37	2,759,924	DV	
済南鋼鉄集団総公司 　（URLなしのため不明）	38	2,739,635		
湖南華菱鋼鉄集団有限責任公司 　鉄，鋼および関連製品	42	2,603,385	DL	F
本渓鋼鉄（集団）有限責任公司 　鉄，鋼，特殊鋼および関連製品	45	2,351,505	DV	F
北台鋼鉄（集団）有限責任公司 　鉄，鋼，化学工業製品，大型自動車，大型機械，貿易，金融，物流，新事業開発	52	2,209,134	DU	F
杭州鋼鉄集団公司 　鉄，鋼，不動産，貿易，ホテルおよび旅行業，環境保護産業，機械	53	2,208,555	DC	F
包頭鋼鉄（集団）有限責任公司 　鋼鉄，鋼鉄製品，非鋼製品	54	2,205,411	DV	PD
広州鋼鉄企業集団有限公司 　鉄，鋼および関連製品，非鉄金属，建築，貿易，不動産	55	2,193,050	DU	F

天津天鉄冶金集団有限公司 　鉄，鋼および関連製品	59	2,034,354	DC	
青島鋼鉄控股集団有限責任公司 　鉄，鋼および関連製品，自転車	60	1,995,570	DC	
安陽鋼鉄集団有限責任公司 　鋼，鉄，化学工業原料，特殊製品	65	1,792,154	DC	F
江西銅業集団公司 　銅，硫酸，金，銀，非鉄金属	69	1,643,739	DV	F
広東省韶関鋼鉄集団有限公司 　鋼，鉄	71	1,632,049	DC	F
金川集団有限公司 　銅，白金，貴金属および関連加工品	76	1,501,867	DV	F
銅陵有色金属（集団）公司 　銅，金，銀，硫酸プラスチックケーブル， 　機械，建築工事，旅行サービス	79	1,417,325	DV	F
酒泉鋼鉄（集団）有限責任公司 　鋼鉄，化学工業製品，輸送，不動産，飲食 　業，旅行業	86	1,372,710	DU	F
天津市冶金集団（控股）有限公司 　（URL なしのため不明）	87	1,372,027		
天津鋼管集団有限責任公司 　（URL なしのため不明）	90	1,263,097		
広西柳州鋼鉄（集団）公司 　鋼鉄，観光，不動産，輸送，機械製造	94	1,195,231	DU	F
新余鋼鉄有限責任公司 　鋼，鉄，特殊鋼，金属製品，化学工業製品	96	1,180,495	S	F
江蘇永鋼集団有限公司 　建築用鋼材	97	1,166,189	S	F
唐山国丰鋼鉄有限公司 　鉄鋼製品	100	1,132,529	DV	F

《一般機械器具》

中国兵器装備集団公司 　自動車, バイク, 自動車・バイク部品	8	6,435,475	DL	F
中国兵器工業集団公司 　武器および関連製品	9	6,406,092	DV	F

《電気機械器具・情報通信機械器・電子部品・デバイス》

海爾集団公司 　家電	3	10,090,705	RL	F
飛利浦（中国）投資有限会社 　照明, 電子製品, 家庭用小型電器, 半導体, 医療機器	6	7,780,000	DC	
摩托羅拉（中国）有限会社 　携帯電話, 無線通信設備, 自動車電子製品	7	6,576,400	DC	PD
京東方科技集団股份有限公司 　液晶テレビ, テレビ精密電子部品, デジタル製品	16	4,510,657	RL	PD
上海広電（集団）有限公司 　液晶テレビ, 電子製品と関連サービス, インターネットサービス	17	4,323,682	RL	PD
TCL集団股份有限公司 　家電, 携帯電話, 電話機, パソコン	20	4,209,900	DU	PD
聯想控股有限公司 　IT, ベンチャー, 不動産	22	4,192,245	DU	
上海電気（集団）総公司 　（URLなしのため不明）	23	3,941,795		
華為技術有限公司 　インターネット関連製品, 携帯電話	27	3,152,126	RC	
熊猫電子集団有限公司 　家電移動通信, ステレオ, パソコン電子機器・計器の一体化製品	35	2,800,388	RL	PD

海信集団有限公司 　家電，パソコン，冷蔵庫，携帯電話，デジタル設備	39	2,729,319	RL	F
福建捷聯電子有限公司 　（URL なしのため不明）	49	2,260,190		
北大方正集団有限公司 　IT およびインターネット製品，医薬品	50	2,224,599	DU	PD
中興通訊股份有限公司 　通信設備，電信設備およびサービス，ネット製品，携帯電話	56	2,122,006	DC	F
春蘭（集団）公司 　家電（エアコン，洗濯機，除湿機），自動車（中・大型トラックバイク），ニューエネルギー（電動自転車，高能動力電池，バイクエンジン，空調圧縮機）	61	1,969,624	DL	
南京斯威特集団有限公司 　ハイテック，家電，カルチャー関連	63	1,919,860	DL	
天津市機電工業控股集団公司 　（URL なしのため不明）	64	1,850,809		
UT 斯達康通訊有限公司 　無線分野，光伝送装置（AN2000 IP-DSLAM，GEPON），インターネット関連製品	67	1,729,687	DC	G
天津三星通信技術有限公司 　携帯電話，通信設備	77	1,474,494	DC	PD
四川長虹電子集団有限公司 　軍用製品，デジタルテレビ，IT，エアコン，化学工業材料	82	1,389,319	RC	F
珠海格力電器股份有限公司 　エアコンシリーズ（家庭用・家庭用中央エアコン，商業用中央エアコン）	83	1,383,264	S	F
北京索愛普天移動通信有限公司 　携帯電話	89	1,325,927	S	F

正泰集団有限公司 　低圧電器，輸配電設備，メーター，計器， 　建築電器，自動車部品	95	1,194,966	RC

《輸送用機械器具》

中国第一汽車集団公司 　乗用車，自動車，トラック，客用バス	2	12,522,986	DC	F
上海汽車工業（集団）総公司 　乗用車，ミニ・カー，バイク，トラクター， 　バス	4	10,006,301	DC	
東風汽車公司 　軽型商用車，自動車エンジン・部品，特殊 　車	5	9,805,882	DC	F
中国航空工業第一集団公司 　軍事用飛行機，民用飛行機，航空機エンジ 　ン，ミサイルの研究開発，非航空用製品 　（自動車，バイク，機械，IT，材料，環境 　システム）	12	5,805,801	S	F
北京汽車工業控股有限責任公司 　軽型自動車	15	4,749,519		
広州汽車工業集団有限公司 　自動車（乗用車，客用バス，軽自動車）， 　バイク，部品	18	4,300,000	RL	PD
中国船舶重工集団公司 　船舶（民用船舶，軍事用船舶），水中兵器， 　衛星発射塔，大型機械（起重機，自動化物 　流システム），港用機械	21	4,193,668	DC	F
中国航天科工集団公司 　ミサイル武器システム，軍民両方情報シス 　テム，航空用製品	33	2,823,504	S	
中国国際海運集装箱（集団）股份有限公司 　コンテナー，道路運輸車両，空港設備	40	2,656,778	DU	PD

中国重型汽車集団有限公司 　大型自動車，内燃機関，自動車部品	46	2,338,889	S	H
華晨汽車集団控股有限公司 　商用車（金杯JEAURシリーズ），乗用車（BMWシリーズ，中華シリーズ），自動車部品，軽型トラック（金杯シリーズ），エンジン	48	2,265,000	DL	
万向集団公司 　万向節，ベアリング，ブレーキ，減震器，工程機械部品，伝動軸，	58	2,085,725	DC	
中国南方機電車輌工業集団公司 　汽車車両，路面電車車両，部品，電子製品	66	1,749,852	DC	F
徐州工程機械集団有限公司 　工程機械および部品（ロードローラー，ブルドーザー，コンクリート・ミキサー，航空消防設備，建築機械，特殊自動車）	68	1,700,551	DC	H
中国北方機車車輌工業集団公司 　汽車車輌，路面電車車輌，部品，電子製品，化学・生物関連製品，旅行業，レストラン	75	1,534,889	DC	F
哈爾濱航空工業（集団）有限公司 　ヘリコプター，旅客機，航空機エンジン，ヘリコプター減速伝動システム，自動車，自動車エンジンおよび変速器	81	1,394,130	DC	
湘火炬汽車集団股份有限公司 　大型自動車，高性能軽型スポーツカー，自動車部品	98	1,154,042	S	F

《コングロマリット》

上海埃力生（集団）有限公司 　工業（石油化工，銅，鉛，亜鉛，石油銅管，紡績製品），不動産，金融	24	3,602,321	AC	PD

上海複星高科技（集団）有限公司 　医薬品，投資（不動産，鋼鉄，商品小売，鉱業，金融）	34	2,813,000	AC	H
華僑城集団公司 　消費型電子通信製品（康佳「ブランド」シリーズ），レジャー村（テーマパーク，ホテル，美術館，芸術センター，ゴルフクラブ，不動産開発	70	1,635,233	AC	H
江蘇悦達集団有限公司 　自動車，医薬品，婦人服，トラクター，紡績品，基礎施設投資，商業貿易流通，不動産開発	74	1,538,658	DU	F
横店集団控股有限公司 　電子製品，医薬品，肉類加工品，乳製品，映画テレビ撮影基地	78	1,422,500	AC	H
深圳華強集団有限公司 　ハイテック産業（精密機械，精密加工），情報産業（コンピューター，ネットおよび通信），不動産，家電，製糖および製紙	85	1,374,917	DU	F

《多産業》

中国華源集団有限公司 　薬品，漢方薬，紡績品，ハイテック製品	13	4,849,295	RC	PD
江蘇華西集団公司 　酒，煙草，スーツ，シャツ，織物，鉄鋼関連製品	41	2,603,864	DU	FS
山東魏橋創業集団有限公司 　紡績品，衣服，金属加工	47	2,312,463	DU	

付表2　中国製造業企業上位200社のリスト(2009年度)

順位	企業名	所有	存続年数	戦略	産業（略称）	元所有	設立年	所在地
1	上海宝鋼集団公司	国有	26	主力	鉄鋼・非鉄金属	国有	1998	上海市
2	中国第一汽車集団公司	国有	51	主力	輸送用機械器具	国有	1953	吉林省長春市
3	海璽集団公司	民営	20	関連	電気機械器具等	集体	1984	山東省青島市
4	上海汽車工業（集団）総公司	国有	26	主力	輸送用機械器具	国有	1978	上海市
5	東風汽車公司	国有	35	主力	輸送用機械器具	国有	1969	湖北省十堰市
8	中国兵器装備集団公司	国有	22	主力	一般機械器具	国有	1982	北京市
9	中国兵器工業集団公司	国有	73	主力	一般機械器具	国有	1931	北京市
10	鞍山鋼鉄集団公司	国有	56	主力	鉄鋼・非鉄金属	国有	1948	遼寧省
11	首鋼総公司	国有	85	主力	鉄鋼・非鉄金属	国有	1919	北京市
12	中国航空工業第一集団公司	国有	52	単一	輸送用機械器具	国有	1952	北京市
13	中国華源集団有限公司	民営	12	関連	繊維工業と医薬	国有	1992	上海市

付表2

順位	企業名	所有	存続年数	戦略	産業（略称）	元所有	設立年	所在地
14	中国鋁業公司	国有	56	単一	鉄鋼・非鉄金属	国有	1948	北京市
15	北京汽車工業控股有限責任公司	国有	46	主力	輸送用機械器具	国有	1958	北京市
16	京東方科技集団股份有限公司	国有	11	関連	電気機械器具等	国有	1993	北京市
17	上海広電（集団）有限公司	民営	9	関連	電気機械器具等	民営	1995	上海市
18	広州汽車工業集団有限公司	国有	56	関連	輸送用機械器具	国有	1948	広東省広州市
21	中国船舶重工集団公司	国有	5	主力	輸送用機械器具	国有	1999	北京市
22	聯想控股有限公司	民営	20	主力	電気機械器具等	国有	1984	北京市
24	上海埃力生（集団）有限公司	国有	16	非関連	多産業(コングロマリット)	国有	1988	上海市
25	攀枝花鋼鉄（集団）公司	国有	39	関連	鉄鋼・非鉄金属	国有	1965	四川省
26	玉溪紅塔煙草（集団）有限責任公司	国有	48	主力	煙草	国有	1956	雲南省玉溪市
27	華為技術有限公司	民営	16	関連	電気機械器具等	民営	1988	広東省深圳市
28	邯鄲鋼鉄集団有限責任公司	国有	46	主力	鉄鋼・非鉄金属	国有	1958	河北省邯鄲市
29	江蘇沙鋼集団有限公司	民営	29	主力	鉄鋼・非鉄金属	民営	1975	江蘇省

順位	企業名	所有	存続年数	戦略	産業（略称）	元所有	設立年	所在地
30	唐山鋼鉄集団有限責任公司	国有	61	主力	鉄鋼・非鉄金属	国有	1943	河北省唐山市
31	莱蕪鋼鉄集団有限公司	国有	34	主力	鉄鋼・非鉄金属	国有	1970	山東省莱蕪市
32	太原鋼鉄（集団）有限公司	国有	71	主力	鉄鋼・非鉄金属	国有	1933	山西省太原市
33	中国航天科工集団公司	国有	48	単一	輸送用機械器具	国有	1956	北京市
34	上海複星高科技（集団）有限公司	民営	12	非関連	多産業（コングロマリット）	民営	1992	上海市
35	熊猫電子集団有限公司	国有	68	関連	電気機械器具等	国有	1936	江蘇省南京市
36	南京鋼鉄集団有限公司	民営	46	主力	鉄鋼・非鉄金属	国有	1958	江蘇省南京市
37	馬鋼（集団）控股有限公司	国有	52	主力	鉄鋼・非鉄金属	国有	1952	安徽省
38	済南鋼鉄集団総公司	国有	46	主力	鉄鋼・非鉄金属	国有	1958	山東省済南市
39	海信集団有限公司	国有	35	関連	電気機械器具等	国有	1969	山東省青島市
40	中国国際海運集装箱(集団)股份有限公司	民営	24	主力	輸送用機械器具	中外合資	1980	広東省深圳市
41	江蘇華西集団公司	民営	10	主力	鉄鋼・非鉄金属	集体	1994	江蘇省
42	湖南華菱鋼鉄集団有限責任公司	国有	7	主力	鉄鋼・非鉄金属	国有	1997	湖南省

順位	企業名	所有	存続年数	戦略	産業（略称）	元所有	設立年	所在地
43	上海華誼（集団）公司	国有	89	主力	化学工業	民族工業	1915	上海市
44	上海紡績控股（集団）公司	民営	9	単一	繊維工業	民営	1995	上海市
45	本渓鋼鉄（集団）有限責任公司	国有	99	主力	鉄鋼・非鉄金属	国有	1905	遼寧省本渓市
46	中国重型汽車集団有限公司	国有	69	単一	輸送用機械器具	国有	1935	山東省済南市
47	山東魏橋創業集団有限公司	民営	53	主力	繊維工業	民営	1951	山東省濱州市
48	華晨汽車集団控股有限公司	国有	13	主力	輸送用機械器具	国有	1991	遼寧省瀋陽市
50	北大方正集団有限公司	民営	18	主力	電気機械器具等	国有	1986	北京市
51	安徽海螺集団有限責任公司	民営	8	主力	電気機械器具等	民営	1996	安徽省
52	北台鋼鉄（集団）有限責任公司	国有	33	主力	鉄鋼・非鉄金属	国有	1971	遼寧省本渓市
53	杭州鋼鉄集団公司	国有	47	主力	鉄鋼・非鉄金属	国有	1957	杭州市
54	包頭鋼鉄（集団）有限責任公司	国有	50	主力	鉄鋼・非鉄金属	国有	1954	内蒙古自治区包頭市
55	広州鋼鉄企業集団有限公司	国有	46	主力	鉄鋼・非鉄金属	国有	1958	広東省広州市
56	中興通訊股份有限公司	国有	19	主力	電気機械器具等	国有	1985	広東省広州市

順位	企業名	所有	存続年数	戦略	産業（略称）	元所有	設立年	所在地
58	万向集団公司	民営	35	主力	電気機械器具等	集体	1969	浙江省杭州市
59	天津天鉄冶金集団有限公司	国有	35	主力	鉄鋼・非鉄金属	国有	1969	天津市
60	青島鋼鉄控股集団有限責任公司	国有	46	主力	鉄鋼・非鉄金属	国有	1958	山東省青島市
61	春蘭（集団）公司	民営	18	主力	電気機械器具等	集体	1986	江蘇省泰州市
63	南京斯威特集団有限公司	民営	12	主力	電気機械器具等	民営	1992	江蘇省南京市
64	天津市機電工業控股集団公司	国有	55	主力	電気機械器具等	国有	1949	天津市
65	安陽鋼鉄集団有限責任公司	国有	46	主力	鉄鋼・非鉄金属	国有	1958	河南省安陽市
66	中国南方機電車輛工業集団公司	国有	55	主力	輸送用機械器具	国有	1949	北京市
68	徐州工程機械集団有限公司	国有	15	主力	一般機械器具	国有	1989	江蘇省徐州市
69	江西銅業集団公司	国有	25	主力	鉄鋼・非鉄金属	国有	1979	江西省
70	華僑城集団公司	国有	19	非関連	コングロマリット	国有	1985	広東省深圳市
71	広東省韶関鋼鉄集団有限公司	国有	38	主力	鉄鋼・非鉄金属	国有	1966	広東省韶関市
72	天津渤海化工集団公司	国有	80	主力	化学工業	国有	1924	天津市

順位	企業名	所有	存続年数	戦略	産業（略称）	元所有	設立年	所在地
73	河南省漯河市双汇実業集団有限責任公司	国有	46	単一	食料品	国有	1958	河南省漯河市
74	江蘇悦達集団有限公司	国有	28	主力	輸送用機械器具	国有	1976	江蘇省
75	中国北方機車車輛工業集団公司	国有	123	主力	輸送用機械器具	国有	1881	北京市
76	金川集団有限公司	国有	45	主力	鉄鋼・非鉄金属	国有	1959	甘粛省金昌市
78	横店集団控股有限公司	民営	29	非関連	多産業（コングロマリット）	民営	1975	浙江省横店
79	銅陵有色金属（集団）公司	国有	52	主力	鉄鋼・非鉄金属	国有	1952	江西省
80	雅戈爾集団股份有限公司	民営	25	非関連	繊維工業（金融、不動産）	集体	1979	浙江省寧波市
81	哈爾濱航空工業（集団）有限公司	国有	53	主力	輸送用機械器具	国有	1951	黒竜江省哈爾濱市
82	四川長虹電子集団有限公司	国有	46	関連	電気機械器具等	国有	1958	四川省
83	珠海格力電器股份有限公司	国有	13	主力	電気機械器具等	集体	1991	広東省珠海市
84	四川省宜賓五糧液集団有限公司	民営	45	主力	食料品	民営	1959	四川省宜賓市
85	深圳華強集団有限公司	民営	25	主力	電気機械器具等	国有	1979	広東省深圳市

順位	企業名	所有	存続年数	戦略	産業（略称）	元所有	設立年	所在地
86	酒泉鋼鉄（集団）有限責任公司	国有	46	主力	鉄鋼・非鉄金属	国有	1958	江西省酒泉市
90	天津鋼管集団	国有	15	単一	鉄鋼・非鉄金属	国有	1989	天津市
91	天津市医薬集団有限公司	国有	7	主力	化学工業	国有	1997	天津市
92	中国建築材料集団公司	国有	20	単一	窯業・土石製品	国有	1984	北京市
94	広西柳州鋼鉄（集団）公司	国有	46	主力	鉄鋼・非鉄金属	国有	1958	広西省柳州市
95	正泰集団有限公司	民営	20	関連	電気機械器具等	民営	1984	浙江省楽清市
96	新余鋼鉄有限責任公司	国有	46	単一	鉄鋼・非鉄金属	国有	1958	江西省新余市
97	江蘇永鋼集団有限公司	民営	20	単一	鉄鋼・非鉄金属	集体	1984	江蘇省張家港市
98	湘火炬汽車集団股份有限公司	民営	43	単一	輸送用機械器具	国有	1961	湖南省株洲市
99	杭州娃哈哈集団有限公司	民営	17	主力	食料品	集体	1987	浙江省杭州市
100	唐山国豊鋼鉄有限公司	民営	11	主力	鉄鋼・非鉄金属	民営	1993	河北省唐山市
101	昆明巻煙廠	国有	82	単一	煙草	国有	1922	雲南省昆明市
102	哈爾浜電站設備集団公司	国有	53	関連	電気機械器具等	国有	1951	黒竜江省哈爾浜市

順位	企業名	所有	存続年数	戦略	産業（略称）	元所有	設立年	所在地
103	南京汽車集団有限公司	国有	57	単一	輸送用機械器具	国有	1947	江蘇省南京市
104	江蘇三房巷集団有限公司	民営	25	関連	繊維工業	集体	1979	江蘇省
105	広州医薬集団有限公司	国有	53	関連	化学工業	国有	1951	広東省広州市
107	山東海化集団有限公司	国有	9	主力	化学工業	国有	1985	山東省維坊市
108	建龍鋼鉄控股有限公司	民営	5	非関連	鉄鋼・非鉄金属	民営	1999	北京市
109	昆明鋼鉄控股有限公司	国有	65	主力	鉄鋼・非鉄金属	国有	1939	雲南省昆明市
111	安徽江淮汽車集団有限公司	国有	40	主力	輸送用機械器具	国有	1964	安徽省
112	江蘇陽光集団有限公司	国有	18	単一	衣服・その他の繊維製品	国有	1986	江蘇省
113	重慶鋼鉄（集団）有限責任公司	国有	114	主力	鉄鋼・非鉄金属	民族工業	1890	重慶市
114	徳力西集団有限公司	民営	20	非関連	電気機械器具等	民営	1984	浙江省楽清市
115	深圳創維-RGB電子有限公司	民営	16	関連	電気機械器具等	合資	1988	広東省深圳市
116	広西玉柴機器集団有限公司	国有	53	主力	輸送用機械器具	国有	1951	広西省玉林市
117	中国東方電気集団公司	国有	20	主力	電気機械器具等	国有	1984	四川省成都市

順位	企業名	所有	存続年数	戦略	産業(略称)	元所有	設立年	所在地
118	宣化鋼鉄集団有限責任公司	国有	85	主力	鉄鋼・非鉄金属	国有	1919	河北省張家口市
119	蘇州創元(集団)有限公司	国有	9	非関連	輸送用機械器具	国有	1995	江蘇省蘇州市
120	山東濱化集団有限責任公司	国有	36	主力	化学工業	国有	1968	山東省濱州市
121	広州万宝集団有限公司	国有	26	主力	電気機械器具等	国有	1978	広東省広州市
122	恵州市徳賽集団有限公司	国有	21	関連	電気機械器具等	国有	1983	広東省恵州市
123	人民電器集団有限公司	民営	8	主力	電気機械器具等	民営	1996	浙江省楽清市
124	奥克斯集団有限公司	民営	18	非関連	多産業	民営	1986	浙江省寧波市
125	寧波波導股份有限公司	民営	12	主力	電気機械器具等	国有	1992	浙江省寧波市
126	南山集団公司	民営	16	非関連	鉄鋼・非鉄金属	集体	1988	山東省煙台市
127	天津天鋼集団有限公司	国有	69	単一	鉄鋼・非鉄金属	国有	1935	天津市
128	華立控股股份有限公司	民営	33	非関連	電気機械器具等	民営	1971	四川省重慶市
129	江鈴汽車集団公司	国有	36	主力	輸送用機械器具	国有	1968	江西省南昌市
130	江陰興澄特種鋼鉄有限公司	民営	45	単一	鉄鋼・非鉄金属	民営	1959	江蘇省江陰市
133	寧波富邦控股集団有限公司	国有	5	非関連	多産業	国有	1999	浙江省寧波市

付表2 153

順位	企業名	所有	存続年数	戦略	産業(略称)	元所有	設立年	所在地
136	無錫威孚集団有限公司	民営	46	主力	輸送用機械器具	集体	1958	江蘇省無錫市
137	大連大顕集団有限公司	国有	9	関連	電気機械器具等	国有	1995	遼寧省大連市
138	河北津西鋼鉄股份有限公司	民営	18	単一	鉄鋼・非鉄金属	合資(中港)	1986	河北省唐山市遷西県
139	銭江集団有限公司	民営	19	主力	輸送用機械器具	民営	1985	浙江省温嶺市
140	万傑集団有限責任公司	民営	9	非関連	繊維工業	集体	1981	山東省淄博市
141	山東晨鳴紙業集団股份有限公司	民営	11	主力	印刷・同関連業	民営	1993	山東省寿光市
142	新興鋳管股份有限公司	国有	33	主力	鉄鋼・非鉄金属	国有	1971	河北省武安市
143	内蒙古伊利実業集団股份有限公司	国有	12	主力	食料品	国有	1992	内蒙古自治区呼和浩特市
144	青島啤酒股份有限公司	国有	101	単一	食料品	外資	1903	山東省青島市
145	承徳鋼鉄集団有限公司	国有	50	主力	鉄鋼・非鉄金属	国有	1954	河北省承徳市
146	恵州市華陽集団有限公司	民営	11	関連	電気機械器具等	国有	1993	広東省恵州市
147	維維集団股份有限公司	民営	12	主力	食料品	民営	1992	江蘇省徐州市
148	海亮集団有限公司	民営	15	非関連	鉄鋼・非鉄金属	民営	1989	浙江省

順位	企業名	所有	存続年数	戦略	産業（略称）	元所有	設立年	所在地
149	雲南銅業（集団）有限公司	国有	8	主力	鉄鋼・非鉄金属	国有	1996	雲南省
150	大連氷山集団有限公司	国有	74	非関連	一般機械器具	民営	1930	遼寧省大連市
151	天津栄程聯合鋼鉄集団有限公司	民営	10	主力	鉄鋼・非鉄金属	民営	1994	天津市
152	山東工程機械集団有限公司	国有	14	単一	一般機械器具	国有	1992	山東省済寧市
153	清華同方股份有限公司	国有	7	関連	電気機械器具等	国有	1997	北京市
154	唐山宝業実業集団有限公司	民営	26	非関連	鉄鋼・非鉄金属	集体（村）	1978	河北省唐山市
155	江陰澄星実業集団有限公司	民営	20	主力	化学工業	民営	1984	江蘇省江陰市
156	桐昆集団股份有限公司	民営	22	主力	化学工業	民営	1982	浙江省桐郷市
157	福建省三鋼（集団）有限責任公司	国有	46	主力	鉄鋼・非鉄金属	国有	1958	福建省三明市
159	通化鋼鉄集団有限責任公司	国有	46	単一	鉄鋼・非鉄金属	国有	1958	吉林省通化市
161	紅豆集団有限公司	民営	24	非関連	衣服・その他の繊維製品	民営	1984	江蘇省無錫市
162	新疆八一鋼鉄集団有限責任公司	国有	53	主力	鉄鋼・非鉄金属	国有	1951	新疆ウイグル自治区
163	華北製薬集団有限責任公司	国有	51	関連	化学工業	国有	1953	河北省石家庄市

順位	企業名	所有	存続年数	戦略	産業（略称）	元所有	設立年	所在地
164	煙台三環鎖業集団有限公司	国有	74	主力	金属製品	民営	1930	山東省煙台市
165	大連華農豆業集団股份有限公司	民営	15	主力	食料品	民営	1989	遼寧省大連市
166	哈薬集団有限公司	国有	17	主力	化学工業	国有	1987	黒竜江省哈爾濱市
167	北京金隅集団有限責任公司	国有	12	非関連	窯業・土石製品	国有	1992	北京市
168	青島澳柯瑪集団総公司	民営	15	関連	電気機械器具等	集体	1989	山東省青島市
169	曲靖巻煙場	国有	38	主力	煙草	国有	1966	雲南省曲靖市
170	深圳市賽格集団有限公司	民営	18	主力	電気機械器具等	国有	1986	広東省深圳市
171	四川省川威集団有限公司	民営	75	関連	鉄鋼・非鉄金属	軍閥	1929	四川省内江市
172	湖北新冶鋼有限公司	民営	96	単一	鉄鋼・非鉄金属	清朝	1908	湖北省黄石市
173	頤中煙草（集団）有限公司	国有	80	非関連	煙草	外資	1924	山東省青島市
174	蒙牛乳業有限公司	民営	5	単一	食料品	民営	1999	内蒙古自治区呼和浩特市
175	山西海鑫鋼鉄集団有限公司	民営	17	非関連	鉄鋼・非鉄金属	民営	1987	山西省聞喜県東鎮

順位	企業名	所有	存続年数	戦略	産業（略称）	元所有	設立年	所在地
177	太極集団有限公司	国有	12	関連	化学工業	国有	1992	重慶市
178	上海振華港口機械（集団）股份有限公司	国有	16	主力	一般機械器具	国有	1988	上海市
179	僑興集団有限公司	民営	12	主力	電気機械器具等	民営	1992	広東省恵州市
180	萍郷鋼鉄有限責任公司	民営	50	主力	鉄鋼・非鉄金属	国有	1954	江西省萍郷市
181	海城市西洋耐火材料有限公司	民営	16	非関連	多産業	民営	1988	遼寧省海城市
182	山東保齢宝生物技術有限公司	民営	8	主力	化学工業	民営	1996	山東省徳州市
183	杉杉投資控股有限公司	民営	15	非関連	衣服・その他の繊維製品	民営	1989	江蘇省昆山市
185	深圳開発科技股份有限公司	民営	19	関連	電気機械器具等	民営	1985	広東省深圳市
186	重慶力帆実業（集団）有限公司	民営	12	主力	輸送用機械器具	民営	1992	重慶市
187	中天鋼鉄集団有限公司	民営	3	非関連	鉄鋼・非鉄金属	民営	2001	江蘇省常州市
188	海瀾集団公司	民営	16	非関連	衣服・その他の繊維製品	集体	1988	江蘇省江陰市
189	双星集団有限責任公司	国有	83	非関連	なめし革・同製品・毛皮	国有	1921	山東省青島市
190	光明乳業股份有限公司	国有	4	主力	食料品	民族企業	1911	上海市

順位	企業名	所有	存続年数	戦略	産業（略称）	元所有	設立年	所在地
191	北京燕京啤酒集団公司	国有	24	主力	食料品	国有	1980	北京市
194	河北敬業集団有限責任公司	民営	1	非関連	鉄鋼と化学工業	民営	2004	河北省石家庄市
196	大連実徳集団有限公司	民営	12	非関連的主力	化学工業	民営	1992	遼寧省大連市
198	浙江恒逸集団有限公司	民営	30	主力	化学工業	民営	1974	浙江省杭州市
199	滬東中華造船（集団）有限公司	国有	約70	非関連的主力	輸送用機械器具	国有	1930年代	上海市
200	仏璽勝集団公司	国有	40	非関連	鉄鋼・非鉄金属	国有	1964	江蘇省江陰市

参考文献

天野倫文（2005）『中国家電産業の発展と日本企業—日中家電企業の国際分業の展開』開発金融研究所報第22号。

Ansoff, H. I. (1965) Corporate Strategy, McGraw-Hill, Inc.（広田寿亮訳（1969）『企業戦略論』学校法人産業能率大学出版部。）

Barney, J. (1991) Firm Resources and Sustained Competitive Advantage, *Journal of Management*, Vol. 17：1, pp. 99-120.

Berry, C. H. (1975) *Corporate Growth and Diversification*, Princeton University Press, Princeton, N. J.

岑智偉（2004）「レント・シーキングを伴う中国のR&D投資と長期成長」『京都産業大学論集』Vol. 21, pp. 105-136.

Chandler, A. D., JR. (1962) *Strategy and Structure: Chapters in the History of the Industrial Enterprise*, Cambridge, Mass.：MIT Press.（三菱経済研究所訳（1967）『経営戦略と組織』実業之日本社。）

Chandler, A. D., JR. (1977) *THE VISIBLE HAND: The Managerial Revolution in American Business*, The Belknap Press Cambridge, Massachusetts, and London, England.（鳥羽欽一郎・小林裟裟治訳（1979）『経営者の時代　上，下』東洋経済新報社。）

Chandler, A. D., JR., (1990) *Scale and Scope: The Dynamics of Industrial Capitalism*, Harvard University Press.

Chandler, A. D., JR., Amatori F., & Hikino T. (1997) *Big Business and the Wealth of Nations*, Cambridge University Press.

Choi, E. K. & Zhou, K. X. (2001) Entrepreneurs and Politics in the Chinese Transitional Economy: Political Connections and Rent-seeking, *The China Review*, Vol. 1：1, pp. 111-135.

Chang S. J. (2006) *Business Groups in East Asia, Financial Crisis, Restructuring, and New Growth*, Oxford University Press.

Chen, Charles J. P. ; Li, Z. Q & Su X. J. (2005): Rent-Seeking Incentives, Politica Connections and Organizational Structure: Empirical Evidence from Listed Family Firms in China, *Working Paper: University of HongKong, Current Version, December*.

Christensen, H. K. & Montagomery, C. A. (1981) Corporate Economic Performance: Diversification Strategy Versus Market Structure, *Strategic Management Journal*, Vol. 2, pp. 327-343.

Colpan A. M. (2006) Dynamic Effects of Product Diversity, International Scope and

Keiretsu Membership on the Performance of Japan's Textile Firms in the 1990s, *Asian Business & Management*, 0, pp. 1-27.
Collis, D. J. & Montgomery, C. A. (2008) Competing on Resource, *Harvard Business Review*, pp. 140-150.
Datta, D. K., Rajagopalan, N. & Rasheed, A. M. A. (1991) Diversification and Performance: Critical Review and Future Directions, *Journal of Management Studies*, Vol. 28：5, pp. 529-558.
Delios, A., Zhou, N. & Xu W. W. (2008) Ownership Structure and the Diversification and Performance of Publicly-listed Companies in China, *Business Horizons 51*, pp. 473-483.
Dyas, G. P. & Thanheiser, H. T. (1976) *The Emerging European Enterprise: Strategy and Structure in French and German Industry*, The Macmillan Press Ltd.
Fruin, W. M. (1994) *The Japanese Enterprise System: Competitive Strategies and Cooperative Structures*, Clarendon Press Oxford.
Geert, D., Jojo, J., Charmianne, L. & Yu, J. (2009) Internationalization and Technological Catching Up of Emerging Multinationals: A Comparative Case Study of China's Haier Group, *Industrial and Corporate Change*, Vol. 18：2, pp. 325-349.
Grant, R. M. (1991) The Resource-Based Theory of Competitive Advantage: Implications for Strategy Formulation, *California Management Review*, Spring 91, Vol. 33, Issue 3, pp. 114-135.
Hannan, M. & Freeman, J. (1984) Structural Inertia and Organizational Change, *American Sociological Review*, Vol. 49, pp. 149-164.
Helfat, C., Finkelstein, S., Mitchell, W., Peteraf, M., Singh, H., Teece, D. & Winter, S. (2007) *Dynamic Capabilities: Understangding Strategic Change in Organizations*, Blackwell Publishers Ltd, Oxford.（谷口和弘・蜂巣旭・川西章弘訳（2010）ダイナミック・ケイパビリティ―組織の戦略変化―，勁草書房。）
Hovey, M., Li L. & Naughton, T. (2003) The Ralationship Between Valuation and Ownership of Listed Firms in China, *Corporate Governance*, Vol. 11, No. 2, pp. 112-122.
黄雅雯（2011）「ダイナミック・ケイパビリティ論の課題と可能性」『商学研究科紀要（早稲田大学大学院商学研究科）』Vol. 73, pp. 29-42.
今井健一（2003）「中国国有企業の所有制度再編：大企業民営化への途」『社會科學研究』Vol. 54, No. 3, pp. 37-60.
伊丹敬之・一橋 MBA 戦略ワークショップ（2002）『企業戦略白書１―日本企業の戦略分析：2001』東洋経済新報社。

伊藤宣生・張侃（2005）「中国における企業形態─その現状の紹介─」『山形大学紀要（社会科学）』Vol. 35, No. 2, pp. 37-69.
伊藤良二・須藤実和（2004）「コア事業と成長戦略」『組織科学』37(3), pp. 11-20.
岩谷昌樹（2008）「ペンローズ理論と企業の進化」『東海大学政治経済学部紀要』Vol. 40, pp. 209-227.
ジェイ B. バーニー, 『企業戦略論（上，中，下）』，岡田正大訳，ダイヤモンド社，2003年。
Khanna and Palepu (1997) "Why Focused Strategies may be Wrong for Emerging Markets", *Harvard Business Review*, 75(4), pp. 41-51.〔Harvard Business Review 編（2001），Diamond ハーバード・ビジネス・レビュー編集部（翻訳）「経営戦略論」，ダイヤモンド社，pp. 209-236.〕
小菅正伸（2011）「中国企業におけるビジネス・プロセスの革新：ハイアールの事例を中心として」『商学論究』Vol. 58：2, pp. 13-53.
児玉文雄・玄場公規（1999）「わが国製造業の多角化と収益性の定量分析」『研究技術計画』Vol. 14, No. 3, pp. 179-189.
Li, H., Meng, L., Wang Q. & Zhou L. (2008) Political Connections, Financing and Firm Performance: Evidence from Chinese Private Firms, *Journal of Development Economics*, Vol. 87, pp. 283-299.
Li, M. F. & Wong, Y. Y. (2003) Diversification and Economic Performance: An Empirical Assessment of Chinese Firms, *Asia Pacific Journal of Management*, 20, pp. 243-265.
Li, R. H. (2010)「国有企業高管尋租性腐敗分析─基于雲銅原董事長邹韶禄受賄的案例研究」, *Journal of Yunnan University of Finance and Economics (Social Science Edition)*, Vol. 25：3, pp. 101-103.
李政軍（2002）「尋租理論在我国的研究と発展」, Comparative Economic and Social Systems, Vol. 3, pp. 104-110.
李甲斗（1996）「創造的組織能力と企業間関係：新しい企業間関係を求めて」三田商学研究 39(2), pp. 103-123.
劉姫倩（2004）「経営戦略の視点から見る中国家電企業海爾」,『現代社会文化研究』, No. 29, pp. 95-112.
Ma, X. F. & Lu, J. W. (2005) "The Critical Role of Business Groups in China", *Ivey Business Journal*, May/Jun.
丸川知雄編（2000）『移行期中国の産業政策』アジア経済研究所。
丸川知雄編（2002）『中国企業の所有と経営』アジア経済研究所。
村松司叙（1979）『多角化企業論』槇書店。
Markides, C., & Williamson (1994) Related Diversification, Core Compentencis, and Corporate Performance, *Strategic Management Journal*, Vol. 15, pp. 149-165.

Nair A., Trendowski J. & Judge W. (2008) Book review of "The Theory of the Growth of the Firm, by Edith T. Penrose. Oxford: Blackwell, 1959" *Academy of Management Review*, 33：4, pp. 1026-1028.

Peng, M. W., Tan J. & Tong, T. W. (2004) Ownership Types and Strategic Groups in an Emerging Economy, *Journal of Management Studies*, Vol. 41：7, pp. 1105-1129.

Peng, M. W. (2003) Institutional Transitons and Strategic Choices, *Academy of Management Review*, Vol. 28：2, pp. 275-296.

Peng, M. W & Luo, Y. D. (1992) Learning to Compete in a Transition Economy: Experience, Environment, and Performance, *Jaural of International Business Studies*; 2nd Quarter, Vol. 30.

Peng, M. W & Luo, Y. D. (1998) Managerial Networks and Firm Performance: A Micro-Macro Link in a Transitional Economy, *Academy of Management Proceeding*.

Peng, M. W & Luo, Y. D. (2000) Managerial Ties and Firm Performance in a Transition Economy: The Nature of a Micro-Macro Link, *Academy of Management Journal*, Vol. 43：3, pp. 486-501.

Peng & Heath (1996) The Growth of the Firm in Planned Economies in Transition: Institutions, Organizations, and Strategic Choice, *Academy of Management Review*, Vol. 21：2, pp. 492-528.

Peng, M. W. (1997) Firm Growth in Transitional Economies: Three Longitudinal Cases from China, 1989-96. *Organization Studies*, Vol. 18：3, pp. 385-413.

Peng, M. W, Lee, S. & Wang, Y. L. (2005) What Determines the Scope of the Firm Over Time? A Focus on Institutional Relatedness, *Academy of Management Review*, Vol. 30：3, pp. 622-633.

Penrose, E. T. (1959, 1980) *The Theory of the Growth of the Firm* ($1^{st}/2^{nd}$ eds.), Oxford: Basil Blackwell.（末松玄六訳 (1980)『会社成長の理論（第二版）』ダイヤモンド社。)

Porter, M. E. (1980) *Competitive Strategy*, Free Press, New York.

Ricardo, D. (1817) *Principles of Political Economy and Taxation*, London: J. Murray

Rumelt, R. P. (1974) *Strategy, Structure, and Economic Performance*, Harvard University Press.（鳥羽欽一郎・山田正喜子・川辺信雄・熊沢孝訳 (1977)『多角化戦略と経済成果』東洋経済新報社。)

Rumelt, R. P. (1982) How Important Is Industry In Explaining Firm Profitability *Working Paper: UCLA*.

郎咸平等著 (2004)『運作』東方出版社。

Selznick, P. (1957) *Leadership in Administration*, New York: Harper & Row.

Shan, S. & Gu, W.(2009)Haier Internationalization by Success of Innovation, School os Sustainable Development of Society and Technology MIMA-International Business and Entrepreneurship, *EFO 705-Master thesis*.

Sundridge Park Management Center(1986-1987)*The Times 1000* Times Books, pp. 28-38.

上海財経大学500強企業研究中心(2008)『中国500強企業発展路径研究―500強企業報告2』上海人民出版社．

Suzuki, Y.(1991)*Japanese Management Structures, 1920-80*, Macmillan Academic and Professional Ltd.

孫暁紅(2008)「質量，永恒的主題」『啤酒科技』Vol. 7.

高橋伸夫(2002)「ペンローズ『会社成長の理論』を読む」『赤門マネジメント・レビュー』Vol. 1. No. 1, pp. 105-124.

高橋伸夫・新宅純二郎(2002)「Resource-Based View の形成」『赤門マネジメント・レビュー』Vol. 1. No 9, pp. 687-704.

立山杣彦(1991)「ドラッカーの理論と「経営者支配」」,『経営と経済』, Vol. 71, No. 1, pp. 99-118.

Tan, J.(2002)Impact of Ownership Type on Environment-Strategy Linkage and Performance: Evidence from A Transitional Economy, *Journal of Management Studies*, Vol. 39：3, pp. 333-354.

Teece, D. J.；Pisano G., & Shuen A.(1997)Dynamic Capabilities and Strategic Management, *Strategic Management Journal*, Vol. 18：7, pp. 509-533.

Tullock, G.(1967)Welfare Cost of Tariffs, Monopolies and Theft, *Western Economic Journal*, Vol. 5：3, pp. 224-232.

上野恭裕(1991)「日本企業の多角化戦略と経営成果」『六甲台論集（神戸大学大学院）』Vol. 38, No. 2, pp. 47-63.

上野恭裕(1997)「多角化企業の競争優位性の研究」大阪府立大学経済研究叢書, Vol. 86.

上野恭裕(2004)「日本企業の多角化経営と組織構造」『組織科学』Vol. 37, No. 3, pp. 21-32.

上野恭裕(2005)「1980年代以降の日本企業の多角化戦略と事業集中」『大阪府立大學經濟研究』Vol. 51, No. 3, pp. 39-54.

Wang, T. Y.(2006)「新唐鋼集団組建和"十一五"発展戦略」, *China Steel*, No. 7.

王暁梅(2008)「実施差別化戦略提高鋼鉄企業的競争力」『中国科技信息』Vol. 19, pp. 307-309.

王慧青・尹少華(2008)「海爾企業的 SWOT 分析」,『企業家天地・下旬刊』, pp. 55-56.

Xu, Q., Chen, J., Xie, Z., Liu, J., Zheng, G. & Wang, Y.(2007)Total Innovation

Management: A Novel Paradigm of Innovation Management in the 21st Century, *J Technol Transfer*, Vol. 32, pp. 9-25.
Xu, L. & Song, S.（2011）Study on Construction of Cultural Capital Among Entrepreneurs, *Asian Social Science*, Vol. 7：9, pp. 203-206.
Yi, J. J & Ye S. X.（2005）*The Haier Way:The Making of a Chinese Business Leader and a Global Brand*, New Jersey: Homa & Sekey Books.
吉原英樹・佐久間昭光・伊丹敬之・加護野忠男（1981）『日本企業の多角化戦略―経営資源アプローチ』日本経済新聞社。
由井常彦・大東英祐（編集）（1995）「大企業時代の到来」岩波書店。
Zhang Y. & Li X.（2006）Ownership Structure and Corporate Diversification, *Business and Politics* Vol. 8：1, pp. 1-19.
Zhang, J. Z. & Wang, D. L.（2007）Tang Gang Gu Fen Gong Si Zhan Lue Ding Wei Yu Guan Li Mo Shi Fen Xi, *Metallurgical Economics and Management*, Vol. 6, pp. 21-24.
Zhao, Z. Y. & Liu, F.（2007）The SWOT Analysis of Tangshan Iron and Steel Development, *Journal of Tangshan College*, Vol. 20：6, pp. 73-75.

Fortune（1994）No. 8, pp. 134-140.
World Brand Lab（2011）.
日中経済協会（1986）『中国の食品工業』。
サーチナ（2003-2004）『中国企業情報』中経出版。
シープレス（2003）『中国の電機・電子産業2003―中国・日本・欧米企業の動向と特許・統計・ランキング』重化学工業通信社。
シープレス（2003）『中国の食品産業2003―食品・飲料・包装材料と中・日・欧米企業の動向』重化学工業通信社。
シープレス（2005）『中国の鉄鋼産業2005』重化学工業通信社。
国務院発展研究中心主弁（2003）『2003中国経済年鑑』中国経済年鑑。
国家統計局工業交通統計司（2004）『中国工業経済統計年鑑2004』中国統計出版社。
中国証券報社編（2005）『2005年上市公司速査手冊』新華出版社。
中国年鑑編集委員会（2000）『中国経済年鑑2000』中国経済年鑑社出版。
中国年鑑編集委員会（2001）『中国経済年鑑2001』中国経済年鑑社出版。
中国年鑑編集委員会（2002）『中国経済年鑑2002』中国経済年鑑社出版。
中国年鑑編集委員会（2003）『中国経済年鑑2003』中国経済年鑑社出版。
中国年鑑編集委員会（2004）『中国経済年鑑2004』中国経済年鑑社出版。
中華人民共和国国家統計局編（2002）『中国統計年鑑2002』中国統計出版社。
中華人民共和国国家統計局編（2003）『中国統計年鑑2003』中国統計出版社。
中華人民共和国国家統計局編（2005）『中国統計年鑑2005』中国統計出版社。

中華人民共和国国家統計局編（2010）『中国統計年鑑2010』中国統計出版社。
中華人民共和国国家統計局編（2011）『中国統計年鑑2010』中国統計出版社。
中国企業史編集委員会（2002）『中国企業史・典型企業巻』企業管理出版社。
『2005年版中国化学工業の現状と日系化学企業要覧』化学工業日報社。
『2007年版日本の石油化学工業』重化学工業通信社。
『2007年版アジアの石油化学工業』重化学工業通信社。
国統函［2003］44号
財政部（2006）財会［2006］3号，『企業会計準則第33号―連結財務諸表（中国語名称：合併財務報表）』
『中国汽車工業年鑑2005』
『中国化学工業年鑑2004/2005』
中国企業500強 URL：http://china-500.org, October 2005.
中国企業500強 URL：http://china-500.org, October 2009.
中国企業500強 URL：http://china-500.org, October 2010.
中国企業500強 URL：http://china-500.org, October 2011.
中国証券网 URL：http://www.cnstock.com，上海証券新聞社。
中国製造業企業上位200社（2004年）の各社ホームページ。
中国製造業企業上位200社（2009年）の各社のホームページ。
中国製造業企業上位200社（2010年）の各社のホームページ。
中国製造業企業上位200社（2002年）の各社「上市公司財務報告表」。
中国製造業企業上位200社（2004年）の各社「上市公司財務報告表」。
中国製造業企業上位200社（2009年）の各社「上市公司財務報告表」。
中国製造業企業上位200社（2010年）の各社「上市公司財務報告表」。
中国製造業企業上位200社（2011年）の各社「上市公司財務報告表」。
Wanfang Data（万芳数据）：2012年3月18日－4月11日までの期間，山東大学図書館の電子資源ベースにアクセスした。
雑誌記事：青島啤酒有限公司企業文化中心編纂（2011）『「青島啤酒」第26期，2011年7月1日発行』

インタビュー：
青島啤酒有限公司（2012年3月24日）
青島啤酒有限公司（2012年8月28日）
海爾集団（2012年8月25日）
海爾集団（2012年8月28日）
海爾集団（2014年10月11日）
海爾集団（2014年10月12日）

索　引

【欧文】

Barney……………………22, 81
Chandler…………………20, 21
Chang……………………30, 31
Collis & Montgomery…………22
Grant………………………………23
Helfat et al.………………23, 81, 113
Hovey, Li & Naughton……………31
Khanna & Palepu………27, 28, 29, 30, 73
Li & Wong……………………27, 30
M&A………………………………82
Peng………………………32, 33, 41, 80, 81
Penrose……………………16, 22
RBV………………………22, 24
ROS…………………………………83
SIC…………………………………50
Teece, Pisano & Shuen……………23
Tulllock……………………………33

【あ】

天野倫文……………………66, 115
アメリカ標準産業分類項目…………50
アンゾフ……………………16, 18
移行経済……………………………32
イノベーション……………………23
インセンティブ……………………110
上野恭裕……………………………71

【か】

改革・開放政策…………………3, 7, 9
外資企業……………………………10
外部成長……………………………81
合併…………………………………119
環境要因……………………………20
企業家………………………………21
企業改革……………………………9
企業戦略論………………………8, 15
企業内要因…………………………20
機能別組織…………………………62
規模の経済…………………………20
競争優位……………………………6
経営資源…………………………8, 22
経営資源の集積………11, 34, 80, 131
経営資源ベース……………………127
経営的サービス……………………17
計画経済期…………………………3
ケイパビリティ……………………22
コア事業……………………………25
公共企業……………………………3
子会社………………………………9
国営企業……………………………3
国際化戦略…………………………114
国有企業…………………………9, 10
国有企業の民営化…………………3
国有系企業…………………………10
国有参加企業………………………10

国有独資……………………………113
小菅正伸……………………………114
コングロマリット……………………6

【さ】

産業別構造…………………………63
産業別分布………………………50,52
事業部制組織…………………………5
市場経済………………………………7
持続的成長…………………………20
シナジー……………………………19
社会主義企業…………………………3
集中度………………………………77
重点企業……………………………111
シュムペーター……………………3,4
純粋国有企業………………………10
上市公司財務報表…………………83
所有形態……………………………31
新興経済国……………………………5
新宅純二郎…………………………17
垂直統合……………………………20
水平結合……………………………20
成長戦略……………………………29
成長プロセス…………………………6
成長マトリックス…………………18
製品多角化…………………………20
製品別事業部制構造………………44
ゼネラル・マネジメント……48,61,62
先進国企業…………………………24
選択と集中…………………………27
戦略的提携…………………………82
戦略のカテゴリー…………………46

戦略パターン…………………………5
組織カテゴリー……………………65
組織構造…………………………5,44
組織的慣性………………………77,121

【た】

大規模化………………………………5
ダイナミック・ケイパビリティ……23
多角化…………………………………5
多角化戦略……………………9,15,44
高橋伸夫…………………………16,17,18
地域性………………………………83
地域的拡張…………………………81
地域的差異…………………………85
地域独占……………………………83
地域の拡大…………………………20
地方政府レベルの政策……………111
チャンドラー……………………4,16,44
中央政府レベルの政策……110,111,112,127
中国製造業500強…………………59
中小企業……………………………17
東風汽車公司………………………60
ドラッカー…………………………3,4

【な】

内部成長……………………………81
南巡講話………………………………6
ネットワーク………………………32

【は】

ハイアール…………………………114

パフォーマンス……………102,103	民営企業………………………3,9,10
範囲の経済……………………20	村松司叙………………………21
非関連多角化…………………6	持株会社………………………66
ペンローズ……………………16	【ら】
母公司…………………………9	リグレイ………………………45
母子会社………………………60	リソース・ベースト・ビュー……16,22
本社スタッフ…………………118	リソース・ベースの戦略論…………16
【ま】	ルメルト………………………4,10
マーケットシェア……………19	ルメルト・モデル……………11,130
丸川知雄………………………10	レント・シーキング…………33

〔著者紹介〕

江　向華（こう・こうか）

中国山東省青島市生まれ
2004年　京都大学大学院経済学研究科修士課程入学
2010年　京都大学大学院経済学研究科博士後期課程単位満期取得退学
2010年～2014年まで，広島大学社会科学研究科マネジメント専攻助教
2015年　就実大学経営学部准教授，現在に至る

主要著書・論文

「先進経済国と新興経済国における企業の成長戦略論」広島大学マネジメント研究センター編『連携による知の創造―社会人大学院の新たな試み』白桃書房，2014年。
「中国製造業大企業の戦略と組織構造―その現状と国際比較」『経済論叢』第181巻第3号，2008年，「中国製造業大企業の産業別分布に関する分析」『広島マネジメントレビュー』第6号，2010年，「中国企業の戦略とパフォーマンスに対する一考察」『マネジメント研究』第11号，2011年

中国大企業の競争力分析

2016年6月1日　第1版第1刷発行

著　者　江　　　向　華
発行者　山　本　　　継
発行所　㈱中央経済社
発売元　㈱中央経済グループ
　　　　パブリッシング

〒101-0051　東京都千代田区神田神保町1-31-2
電　話　03 (3293) 3371 (編集代表)
　　　　03 (3293) 3381 (営業代表)
http://www.chuokeizai.co.jp/
印　刷／東光整版印刷㈱
製　本／誠　製　本㈱

©2016
Printed in Japan

＊頁の「欠落」や「順序違い」などがありましたらお取り替えいたしますので発売元までご送付ください。(送料小社負担)

ISBN978-4-502-18281-5　C3034

JCOPY〈出版者著作権管理機構委託出版物〉本書を無断で複写複製（コピー）することは，著作権法上の例外を除き，禁じられています。本書をコピーされる場合は事前に出版者著作権管理機構（JCOPY）の許諾を受けてください。
JCOPY〈http://www.jcopy.or.jp　e メール：info@jcopy.or.jp　電話：03-3513-6969〉